当事者と援助者の「共助する関係」

刑事司法領域での対人援助の基本

編著 水藤昌彦

著 関口清美 益子千枝

画 服止ネネ

現代人文社

はじめに

犯罪をして刑事司法機関と接触をした人に対して、援助者はどのようにかかわれるのでしょうか。かかわるうえでの基本的な「かまえ」のあり方、実践の場面で使える具体的な方法、そして、かかわりの背景にある考え方について紹介するのが本書の目的です。

刑事司法制度と福祉制度はこれまでお互いの接点がほとんどなく、別々に機能してきました。二〇〇〇年代に入って、刑事司法と福祉の連携が注目されるようになって、その状況が大きく変わりました。それにともない、罪を犯した人への援助という取組みが広がってきています。しかし、福祉、刑事司法のいずれの立場からしても、犯罪をした人に援助的にかかわるというのは、これまであまり経験してこなかったことです。

福祉の側から見れば、犯罪をした人とかかわる機会自体が少なかったといえます。たとえば、高齢者福祉や障がい者福祉の現場では、出会うことはほとんどありませんでした。犯罪をしたという事実を隠さずに福祉のサービスを利用する人というのは、以前はごくまれでしたし、また、福祉サービスを利用している人が犯罪をしたとして警察に逮捕されると、その時点で援助者たちはもうかかわれないと考えて、支援が終了していたからです。

福祉の領域で多機関連携の重要性が強調されるようになって長い時間が経ちますが、その連携の相手先は医療や教育、雇用といった分野が中心で刑事司法機関は想定されていませんでした。福祉関係者は刑事司法機関とやりとりをすることはなく、犯罪について考えるのは事件報道などに触れたときであって、犯罪をした人と出会ってかかわるというのはめったにありませんでした。

一方、刑事司法の側から見れば、犯罪をした人に対応してきましたが、援助的な観点を持つというのは一般的なことではありませんでした。犯罪をした人たちは捜査・裁判の対象であり、刑務所に行けば処遇を通じた指導の対象だと捉えられてきました。行為の責任を追求し、それに応じた刑罰を科す。刑罰によって反省させる、二度と犯罪をしないように働きかけるという、指導やコントロールの考え方が刑事司法の中心です。

弁護士のかかわりは、このような刑事司法機関のものとは異なりますが、防御権をどのように行使するか、国家による刑罰権の発動にあたってどのように適正性を確保するかといった問題意識は、やはり援助的な観点とは違うものでしょう。

例外は、福祉の分野では生活保護やホームレスの状態にある人への支援、刑事司法の分野では犯罪をした人に社会内でかかわっていく更生保護です。これらの領域では、以前から犯罪をした人に援助的なかかわりをしてきました。ただし、かかわっている人の数が比較的少ないことから、福祉・刑事司法という領域の全体からみれば例外的な存在だったといえます。

つまり、刑事司法、福祉のいずれで働く人にとっても、ほとんどの場合、犯罪をした人への援助は新しい取組みだということになります。そのため、どうすればいいかについての戸惑いや疑問があるようです。そこで、そうした戸惑いや疑問について一緒に考えるきっかけを作り、少しでも方向性を示そうと考えて本書を企画しました。

犯罪をした人たちは決められたルールを守れず、規範意識に欠けているのだから、厳しく接しなければならない、あるいは、教え、導かなければならないとして、管理的、指導的にかかわってしまう。再び犯罪をしてもらっては困るから、できるだけ問題が起こらないようにコントロールしようとする。相手を無理にでも変えようとする。その結果、援助的なかかわりがうまくいかない。それどころか相手との関係自体が崩壊するときもある。筆者らは、そのような問題を回避するためにはどうするべきかを考えてきました。そして、相手をコントロールしようとするのではなく、相手と自分が「共助する関係」が必要だと確信するようになったのです。

本書は三部構成となっています。

最初の「導入編」では、この本のタイトルの意味について解説しながら、「共助する関係」とは何かを説明します。また、刑事司法と福祉の連携がどのように展開してきたのか、なぜ、求められたのかについても確認します。

次の「物語編」では、当事者と援助者の関係をめぐるエピソードを描いたマンガによって共助する関係の基本となる七つの要点を示しています。それぞれのエピソードのあとには、描かれている場面で問題となっている点を解説して、どうすればいいかを提案します。そして、各提案のポイントをワンポイントアドバイスとしてまとめています。さらに、内容をより深めるために、「日々修行中、援助の現場から」と題して、これまで実際に援助者として経験した事例を紹介しています。

最後の「発展編」では、共助する関係を結び、維持していくために参考となるであろう、考え方や枠組み、留意点を解説しています。共助する関係をより有効なものにするための情報です。

各編は独立して構成されています。目次をながめて、気になるところから読みはじめてみることもできます。また、時間の限られている方は、まず「物語編」のマンガを読み、各エピソードのワンポイントアドバイスを確認すれば、大まかな全体像をつかめると思います。

目次

〔凡例〕
・註は註番号近くの頁に傍註として示した。
・［↓●頁］とは、「本書の●頁以下を参照」を意味する。

登場人物紹介

小林貴浩の母
小林貴浩の父
吉田さん
小林と守田の共通の友人。
守田宏絵
この物語の主人公。地域生活定着支援センターに勤務する相談員。
小林貴浩
守田の彼氏。

主治医
入院した水野さんの主治医。
新田弁護士
坂田さんの国選弁護を担当する弁護士。
酒田さん
守田が担当する当事者。
所長
守田が勤務する地域生活定着支援センターの所長。
水野さん
守田が担当する当事者。

第1部

導入編

「共助する関係」という提案

本書のタイトルの意味

はじめに、本書のタイトルである『当事者と援助者の「共助する関係」』について説明しましょう。タイトルを構成している言葉の意味を順に見ていきます。

まず、当事者というのは、何らかの生活上の困難や課題を経験している人たちという意味で使っています。人が生きていくなかで起こる困難や課題には、さまざまなものがあります。たとえば、病気やけが、失業や不安定な就業、不登校、いじめ、貧困、家族間の暴力やネグレクト、虐待などなど……。少し考えただけでもいろいろと思いつきます。

この本では、刑事司法の領域で犯罪にあたる行為をした人を当事者として想定しています。被疑者や被告人、あるいは受刑者や保護観察対象者となった人たちのことです。

福祉の領域では、働きかけの相手となる人の呼び方にさまざまなものがあります。利用者、クライエント、支援対象者、本人などがよく聞かれます。本書では、相手を客体化し過ぎず、その人の自律性をできるだけ尊重できればという考えから、当事者という言葉を使います。

次に援助者というのは、当事者に対して援助的な視点をもってかかわる人たちを広く想定しました。社会福祉士や精神保健福祉士などの福祉関係者だけに限らず、弁護士、検察官、刑務官、保護観察官といった、刑事司法のシステムのなかで働いている人たちについても、その人が当事者を援助する立場でかかわるのであれば、援助者だと考えます。

そして、「共助する関係」です。これは聞き慣れない言葉だと思います。共助も関係も一般的に使われますが、これらを組み合わせて「共助する関係」としたのは筆者らの創作です。この言葉に込めたのは、当事者と援助者がともに助け合うような関係が理想ではないか、という思いです。

共助する関係は、「助けられる者」と「助ける者」という固定されたものではなく、また、「問題を抱える困った人」に対して「問題を解決するための訓練を受けた専門家」が常に一方的に何かをするというものでもありません。当事者と援助者の双方が助けたり、助けられたりしながら、援助過程が進んでいくことを目指そうという提案です。

「共助する」とはどういうことか——It takes two to tango.

「共助する関係」について、もう少し詳しく説明してみます。何かを理解しようとするときには、それについての具体的なイメージを持つことが助けになることがあります。そこで、「共助する関係」がどんなものなのか、その様子をイメージしてみたところ、当事者と援助者が一緒にダンスを踊る場面が思い浮かびました。

このイメージは、〝It takes two to tango〟という英語の表現から来ています。これは直訳すれば「タンゴを踊るにはふたりの人が必要」という意味です。「ふたりのあいだで争いがあれば、その責任は両方にある」ということを示す比喩表現だと辞書ではよく説明されていますが、「ふたりのあいだで積極的な協力がなければ、ものごとは成り立たない」という意味もあります。

そこから、当事者を知り、当事者の発する言葉や気持ちの動きを援助者が理解しようとすること、そして、その理解に応じた言動を援助者がとることの重要性をお伝えするために、両者の関係をタンゴのダンスにたとえてみることを思いついたのです。

タンゴのイメージからは、当事者とかかわる際、援助者に実際に求められる「かまえ」を読み取ることができます。ふたりのダンサーがペアでタンゴを踊るところ、特に足でステップを踏んでいる場面を思い浮かべてみてください。ダンサーの一方はあなた自身だとします。パートナーが足を前に踏み出したとき、あなたはパートナーが踏み出してきたのと同じ側の足を後ろに引きます。そうしなければ、あなたの足がパートナーに踏まれてしまいます。逆に、パートナーが足を引いたら、同じ側の足をあなたが踏み込まなければ、踊りのステップが成り立ちません。このように、タンゴをふたりで踊るためには、パートナーの動きに合わせてあなたが自分の動きを調節することが求められます。それは相手にとっても同じことです。

ふたりで踊るタンゴと同じように、当事者と援助者の共助する関係では当事者の言動に合わせて援助者は自分の言動を調整します。当事者と援助者のあいだで言動を通じた「押したり引いたり」が起こるのです。そうすることで、援助者が当事者に苦痛や不安を与えたり傷つけたりせず、援助者自身も当事者から苦痛を受けたり、傷つけられたりしないでかかわる可能性が増します。タンゴのたとえで言えば、当事者の足を踏まないようにできますし、また、当事者から足を踏まれないようにもできるのです。

援助者の「かまえ」として、タンゴのたとえが参考になる点がもうひとつあります。それは、ペアでタンゴを踊るためには、一緒に踊ってくれるパートナーが欠かせないものであるということです。パートナーからみて自分自身が踊りたいと思われる相手でなければなりません。援助関係が成立するためには、相手から受け入れられる必要があります。ただし、そのときに相手からかかわりたいと切望されるような存在であろうとするのはハードルが高すぎます。まずは、積極的に求められなくていいから、しぶしぶつきあってやるか、踊ってやるかというくらいに当事者から思われる援助者になろうとすれば十分ではないでしょうか。

さらにつけ加えれば、何かの拍子にお互いに足を踏んだり、踏まれたりするかもしれないとあらかじめ想定しておくことにも意味があります。ふたりで踊っている限り、お互いの足を踏んでしまうことはありえることですし、それは避けられないことです。人と人とのかかわりのなかで、問題が発生するのを完全には避けられません。お互いが注意していても、やりとりのなかで何かしらの問題が起こることは当然とも言えます。そのときに、問題の発生を前もって見越していれば、あわてずに対処できる可能性が増します。

なぜ、刑事司法領域を取り上げるのか

副題である「刑事司法領域での対人援助の基本」は、刑事司法の領域で被疑者や被告人となった当事

者に対して、援助者としてかかわるにあたっての基本的な捉え方やかかわりの方法を伝えたい、という筆者らの意図を示しています。「基本」と名づけているとおり、本書ではできるだけ基礎的な内容を中心にして、具体的に記述することを心がけています。援助者としてのキャリアがまだ長くない方、あるいは刑事司法領域での対人援助業務に従事しはじめて間がない方にとって、参考となる資料になれば幸いです。

刑事司法、そして加害行為をした人を取り上げているのは、ここ一五年くらいのあいだに、刑事司法と福祉が連携して犯罪をした人に対応・援助することが注目され、その重要性が強調されるようになったからです。それに伴って、犯罪をした人への援助の視点に基づいた活動が増えてきました。

具体的には、高齢や障がいがある人の入所施設、就労支援などの日中活動をする事業所などを当事者が少しずつ利用するようになりました。また、高齢者や障がい者のための相談支援事業でも、当事者やその関係者から相談が寄せられる場合が出てきたのです。生活困窮者自立支援制度の相談窓口でも、当事者とのかかわりがあることが報告されています。

司法と福祉の連携の動き

二〇〇三年に元国会議員の山本譲司さんがみずからの受刑経験をもとに『獄窓記』という手記を公表したのが、刑事司法と福祉の連携がはじまったきっかけのひとつです。この作品のなかで、山本さんは刑務所の中に障がい者や高齢者が多数いること、そして、彼らのなかには、自分が刑務所にいると認識していない人、刑務所を出ても帰るところがないために釈放が近づくと強い不安感を抱く人がいることなどを紹介しました。

その後、二〇〇六年から三年間をかけて厚生労働科学研究「罪を犯した障がい者の地域生活支援に関する研究」が行われました。その結果、刑務所の中に軽微な犯罪を繰り返して受刑している障がい者・高齢者が一定数いることや、彼らのほとんどが福祉による支援につながっていないことがわかりました。そして、この頃、刑事政策として再犯防止が強調されるようになっていたこともあり、刑務所から釈放される人のなかから福祉による支援を必要としている人を見つけて、適切なサービスなどにつなぐための仕組みが作られました。

次の「物語編」に援助者の主人公として登場する守田さんは、「地域生活定着支援センター」（以下、定着支援センター）で働いています。定着支援センターは、厚生労働省の「地域生活定着促進事業」を実施する機関として、すべての都道府県に設置されています。「地域生活定着促進事業」とは、高齢や障がいがあって刑務所や少年院に収容されている人のうち、釈放後に住む場所がなく、福祉による支援を必要としている人を対象として、釈放後の福祉サービス利用に向けた調整や援助をする事業です。

定着支援センターができたことにより、犯罪をした人が障がい者福祉や高齢者福祉の事業所につながるようになりました。そのため、これらの領域で働く援助者が犯罪をした人にかかわる機会が増えたのです。

ごく大ざっぱに言えば、刑事手続には、❶警察・検察による「捜査」→❷裁判所による「裁判」→❸刑務所による「施設内処遇（矯正）」→❹保護観察所による「社会内処遇（更生保護）」の各段階があります。刑務所からの釈放者への福祉による支援は刑事手続の終わりの段階で行われるという意味で、「出口支援」と呼ばれることもあります。

定着支援センターは出口支援の中心的な存在といえます。その他の出口支援としては、刑務所や少年院への社会福祉士・精神保健福祉士の配置、指定された更生保護施設への福祉スタッフの配置、保護観察所への地域生活定着促進事業の担当官の配置もあります。これらも、福祉専門職が犯罪をした人にかかわる機会を増やすことにつながっています。

入口支援と再犯防止推進法

出口支援がはじまった頃から、そもそも刑事手続の入口、つまり「被疑者」として捜査の対象となったり、「被告人」として裁判を受けたりするときから、福祉などによる支援につなぐことが必要ではないかということが指摘されていました。これを「入口支援」といいます

被疑者・被告人段階にある人への更生支援については、二〇〇〇年代のはじめ頃から、関西地方にある障がい者の相談支援事業所に勤務していた社会福祉士が弁護士と協働して、更生支援計画を作成して検察官や裁判官に提出するという取組みをはじめており、これが先進事例となりました。この活動をモ

デルとして、社会福祉士などの福祉専門職が弁護士と協働して、被疑者・被告人の更生を支援するという試みがされるようになっていきます。なお、更生支援を弁護士の側から見れば、情状弁護活動の一環ということになります。

また、検察庁においても、再犯防止のために福祉的な援助が必要だと思われる被疑者に対して、福祉サービスを導入するという試みが行われるようになっています。これによって、地方検察庁に雇用されたり、協力関係を結んで援助にかかわる社会福祉士・精神保健福祉士が出てきました。

刑事手続では、はじめに警察・検察による「捜査」が行われると書きましたが、検察官は捜査を遂げると被疑者を起訴するか、それとも不起訴にするかを決定します。被疑者が起訴されれば、その人は被告人として裁判を受けなければなりません。不起訴になれば、事件の処理は検察官の段階で終了します。そのため、更生支援は検察官による起訴・不起訴の決定前から行われますし、検察庁が行っている入口支援も不起訴となって釈放が見込まれる被疑者を対象としています。

さらに、二〇一六年一二月には再犯防止推進法という法律が作られました。これによって国には再犯防止推進計画を定めることが義務づけられ、地方自治体も地方再犯防止推進計画を策定するように努力することになったのです。国の再犯防止推進計画には、刑事司法機関と保健医療・福祉関係機関の連携の強化が示されています。

このように、出口支援に続いて入口支援が広がりをみせてきたこと、さらに再犯防止推進法に関係して地方自治体でも犯罪をした人への対応・支援の問題が考えられるようになってきたことなどから、今後も刑事司法と福祉の連携は進んでいくと思われます。

刑事司法のみによる対応の難しさ

このように刑事司法と福祉による連携が推進されてきた理由として、刑事司法のみでは犯罪をした人への対応が難しいと考えられるようになってきたことがあります。なぜなら、刑事司法がこれまで用いてきたアプローチだけでは、犯罪に至る背景にある問題の改善につながりにくいからです。特に高齢や障がい、何らかの病気といった事情のある人の場合は、その傾向が顕著です。

刑事司法では、ある人がした行為について、それが犯罪にあたるのかどうかを判断し、犯罪であるとすればどの程度の刑罰が適当なのかを考えます。犯罪にあたる行為をしたのが成人であれば、用いることができるのは刑罰だけです。日本では、刑罰には、お金を奪う罰金刑、自由を奪う自由刑、生命を奪う生命刑の三種類があります。

刑罰のみによって犯罪に対応しようとするのには難しさがあります。犯罪の背景にある問題に対しては、お金や自由を奪うだけではアプローチすることができないからです。それどころか、懲役刑を受けて刑務所に収容されれば、家族や友人とのつながりが切れたり、仕事を失ったりして、その人の生活上の問題がさらに大きくなる可能性もあります。

皆さんは、警察活動を紹介するテレビ番組で次のような場面を観たことがないでしょうか。警察官が挙動を不審に思った人物に職務質問すると、持ち物の中から白い粉が入った小さな袋が見つかる。さまざまなやり取りがあった後、パトカーに乗せられたこの人物が警察署に連行されていく場面となり、画面には「その後、この男には覚醒剤取締法違反により懲役一年六カ月執行猶予三年の判決が下された」というようなテロップが流れ、コマーシャルへ。多くの場合、こうした映像は、この人物に職務質問をした警察官の技術力の高さに焦点をあてたり、あるいは悪いやつは許さないという勧善懲悪のイメージを強調したり、といった構成になっています。

このような映像を見るたびに、警察署に連行され、裁判で判決を受けたあと、この人はどのように生活していくのかが気になります。

覚醒剤取締法違反という罪名、懲役一年六カ月執行猶予三年という刑罰の種類と分量は、覚醒剤を持っていたというこの人の行為に対する、刑事司法手続を通じた評価であるともいえます。しかし、そのような法的評価を受けたからといって、なぜこの人が覚醒剤を使用しているのか、どうすれば止めることができるのかという問いに明確な答えが出るわけではありません。自由を奪っても、あるいは次にやったら自由を奪うと威嚇しても、覚醒剤使用の背景にあるであろう、この人が抱える問題が軽くなったり、なくなったりはしないのです。

援助者の戸惑いや不安

このように刑事司法と福祉の連携が進み、援助者がかかわるようになるなかで、当事者に対してどのように援助すればいいのかという悩みや、援助的なかかわりをしようとしてもうまくいかないという戸惑いを聞くようになりました。出口支援がはじまって間がないころには、特にそうした声が多くあったのです。

今から十数年前の日本では、刑事司法と接触した人とかかわった経験をもつ福祉関係者の数は限られていました。「はじめに」でも述べたように、ホームレスの状態にある人への支援、更生保護や少年司法の領域を除けば、犯罪をしたという事実をはっきりさせた人が福祉的なかかわりの場に登場することはまれでした。また、障がい者福祉や高齢者福祉の現場では、刑事司法の関係機関や弁護士は連携先として一般的なものでもなかったのです。

刑事司法と福祉の連携がはじまった頃は、二度と犯罪をさせないためにはどうすればいいのかといった問いかけが、援助者の側からされていました。つまり、援助者が当事者をコントロールしようとしたり、再犯防止を強く意識する傾向があったのです。たとえば、障害者支援施設を対象にした全国調査では、「再犯の危険性」や「再犯防止の方法・ノウハウがないこと」を支援にあたっての困難として挙げたところが多くあったという結果が出ています。また、筆者の個人的な経験でも、「二度と悪いことをさせないためにどうすればいいのか」「かかわったからには、再犯させたくない」という発言を援助者から聞くことがありました。

　このように犯罪をしたという事実ばかりが注目され、再犯防止を強調する考え方が強くなったのは、犯罪や罪名がもたらすイメージの影響が大きかったからだと思われます。犯罪はよくないものであるから、止めなければならない、それが本人のため、社会のためだと考えられがちです。たしかに、誰にとっても犯罪がない方がいいのはそのとおりです。また、援助者に再犯に対する不安が強いことも理解できます。しかし、犯罪を止めようという視点だけでは、援助はうまくいかないのです。

当事者との関係性への着目

　今でも、犯罪をした人への援助的なかかわりは一般的なものとなったとは言えないかもしれませんが、それでもここ十数年のあいだに状況は変わってきています。福祉による援助が重ねられるにつれて、援助にあたって何が重要なのかについての知見が蓄積されてきました。定着支援センターによる取組みをふり返ったり、実際に援助にかかわっている事業所に対する調査が行われたりしてきています。このことをテーマにした研修会が各地で開かれるようになりましたし、書籍なども一定数が出版されています。また、海外における取組みも紹介されています。

　その結果、再犯させないように、間違ったことをしないようにと、当事者を管理したり、コントロールしたりしようしても、結局はうまくいかないという認識が次第に共有されていきました。福祉による援助は強制できるものではないので、管理やコントロールしようとしても行き詰まるからです。それよりも、当事者の生きづらさに目を向けて、それらを改善するために働きかけること、そして、社会的に孤立した状態を少しでも解消するのが、当事者なりの地域生活を送るための援助には重要だと言われるようになってきています。

このように考えられるようになったのは、先行研究や実際のかかわりを通じて、当事者の実態として次の三つが認識されたからです。

❶ 多様で複雑化した生活上の困難を経験していること。

❷ 社会的に孤立した状態にあること。

❸ 自分なりの方法で、生活上の困難に対処しようとして犯罪に至っていること。

そして、生活上の困難の改善や社会的孤立の解消を図るためには、当事者と援助者の関係性が重要だということが言われるようになりました。この点については、「発展編」でさらに説明します。こうして関係性の問題が重視されるようになってきたことから、刑事司法領域で出会う当事者とのかかわりについて、これまで筆者らが経験したり、学んだりしてきたことをまとめて、ほかの援助者の方たちと共有したいと思い、この本を書きました。

共助する関係の七つの要点

「導入編」を終えるにあたって、共助する関係の七つの要点を紹介します。

1　本心はなかなか言えない——本人の事情に配慮し、周囲の事情に注意する
2　怒っている人は困っている人——正論で相手を説得しようとしない
3　コントロールではなくコミュニケーションを——安心安全な空間を用意して、感情よりも内容に注目する
4　相手の考えや行動は、自分の期待と違っていて当然——状況を客観視してみる
5　他人の問題点は目につきやすい——トラブル時こそ非審判的態度を保つ
6　自分で決める、という経験の意味——自己決定を支援して、尊重する
7　言いたくないこと、言えないことは誰にでもある——秘密を守る

次の「物語編」では、定着支援センター職員の守田さんが当事者である酒田さんや水野さんと出会って、彼らとのかかわりを通じてこれらの要点に気づいていきます。読者の皆さんも、守田さんや酒田さん、

水野さんの立場を想像しながら、自分だったらどのようなタンゴのステップを踏むのかを考えながら読み進めていただければと思います。

第2部

物語編

「共助する関係」の形成・維持の基本

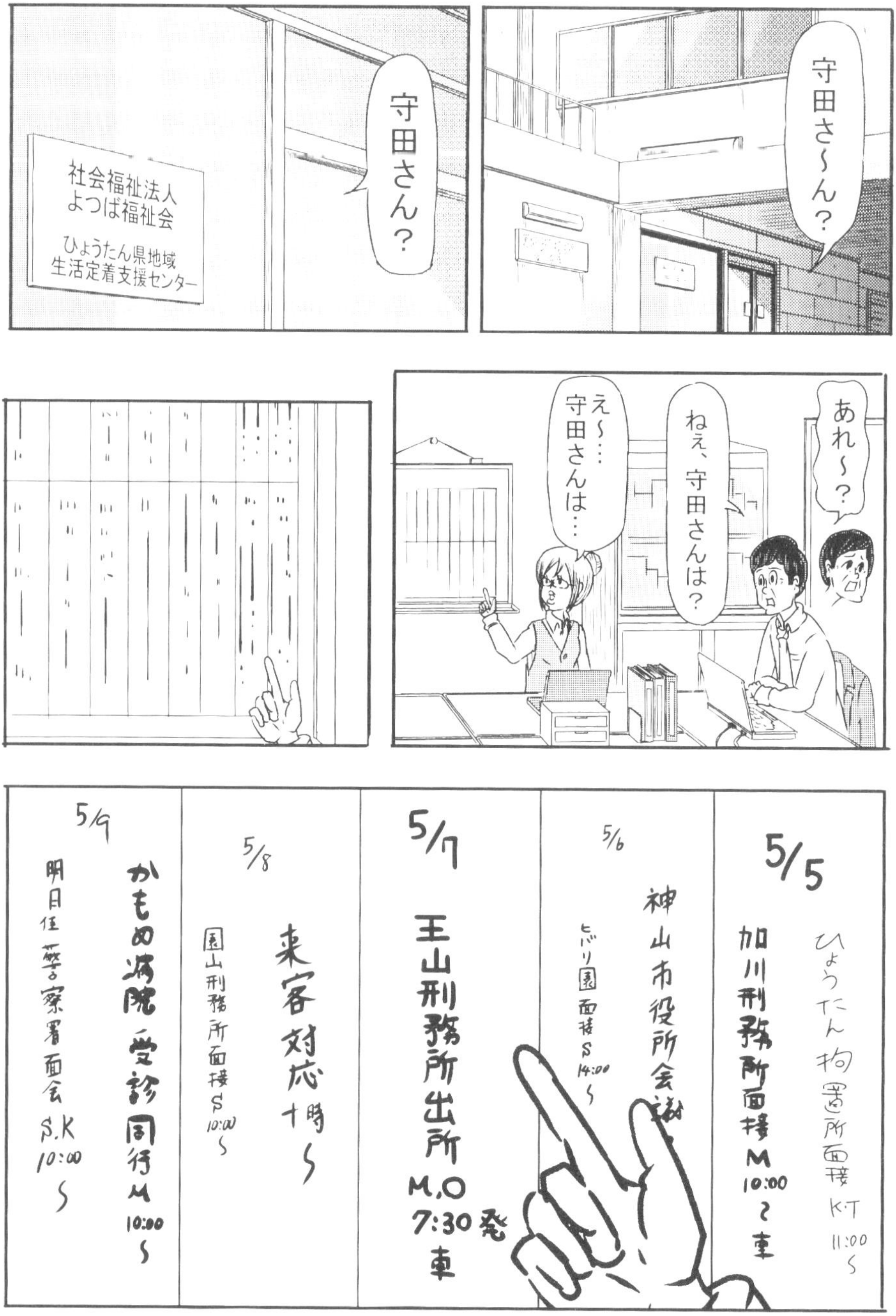
守田さ〜ん?
守田さん?
社会福祉法人
よつば福祉会
ひょうたん県地域
生活定着支援センター
あれ〜?
ねえ、守田さんは?
え〜…守田さんは…
5/5
ひょうたん拘置所面接 KT 11:00〜
加川刑務所面接 M 10:00〜 車
5/6
神山市役所会議
ひばり園面接 S 14:00〜
5/7
王山刑務所出所 M.O 7:30発 車
5/8
来客対応 十時〜
園山刑務所面接 S 10:00〜
5/9
かもめ病院受診同行 M 10:00〜
明日住警察署面会 S.K 10:00〜

地域生活定着支援センター　本文 15 〜 16 頁、および「コラム　地域生活定着支援センターの役割」（46 〜 48 頁）を参照。

酒田さん（37）
軽度知的障がい者
アルコール依存症
店の商品を万引し受刑中
10月末に満期出所
あ、あの…
ソレは…
ビク
ゴホ
ゴホ
ゴホ
いい所です
酒田さんも気に入りますよ
ご自身のためにもなると思います
チラ…

満期出所　刑の執行期間が終わった時点で釈放されること。刑の執行期間の途中で仮に出所を許すことは仮釈放といい、仮釈放期間中は保護観察の対象となる。満期出所の場合は、保護観察の対象とはならない。

あ…その…僕は…
キュッ
えっと…
ギュウウ
よ、よろしく…お願いします
…すいません
よかったぁ♪
施設の方にも伝えておきます
ニコッ
ハハハ…

その休日
GWク
ごきげんだね
仕事順調なの？
ま～ね～♪
でも息抜きも
必要だよ
せっかくの誕生日
デートなんだら
実はスゴイ所を
予約したんだ
きっと喜ぶよ
ワァアァア
え～!?
ナニナニ？
ね？
なかなかの
モンでしょ？

ヒュウウウ
この眺め
でも
見晴らしだけ
じゃないんだ
クル
クル
料理も
おいしくて
有名でね
ペラ
ペラ
予約も
むずかしいんだ
でも、女の子って
こんなの
好きでしょ？
だから
ねばったんだ
フフ
クル
クル
君が喜んで
くれると思って

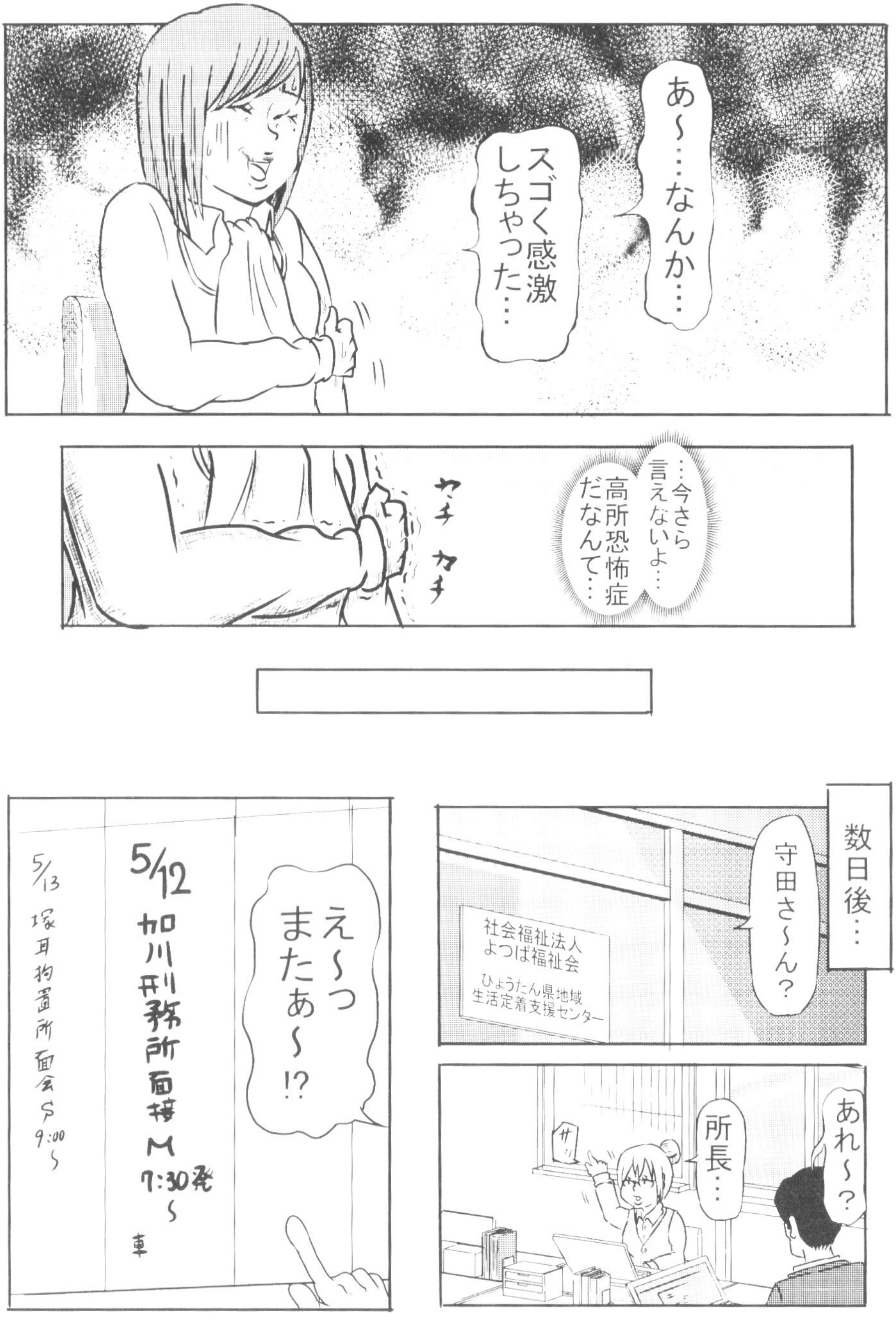
あ~…なんか…
スゴく感激しちゃった…
…今さら言えないよ…
高所恐怖症だなんて…
カチ カチ
数日後…
守田さ~ん?
社会福祉法人 よつば福祉会
ひょうたん県地域生活定着支援センター
あれ~?
所長…
え~っ またぁ~!?
5/12 加川刑務所面接 M 7:30発~ 車
5/13 塚耳拘置所面会 S 9:00~

出所後は
ひとり暮らしを？
面会室
ええ、まぁ
水野さん
施設はいかがですか？
と言いますのも
以前にですね…
ペラ
ペラ
水野さんと同じ
悩みをお持ちの
方がいらして…
その方にも
施設をすすめた
ところ…
すごく気に入った
らしくて
それで水野さんも…
ハァ…
先生さぁ…
ギィッ
俺はひとりが
いいんだ！
水野さん（54）
アルコール依存症
無銭飲食をし受刑
11月に満期出所

水野っ！
態度と言葉に気をつけなさい
守田さん
気を遣ってくれてるのはわかる…ます
…でも、もう少し考えさせてくれ…
…ください
その後10月
出所した酒田さんの施設入所に同行し…
酒田さん！
今日からよろしくお願いします
酒田さんもごあいさつを
あっ…すいません
さ、酒田です
お世話になります
仲間も喜んでむかえ入れてくれますよ

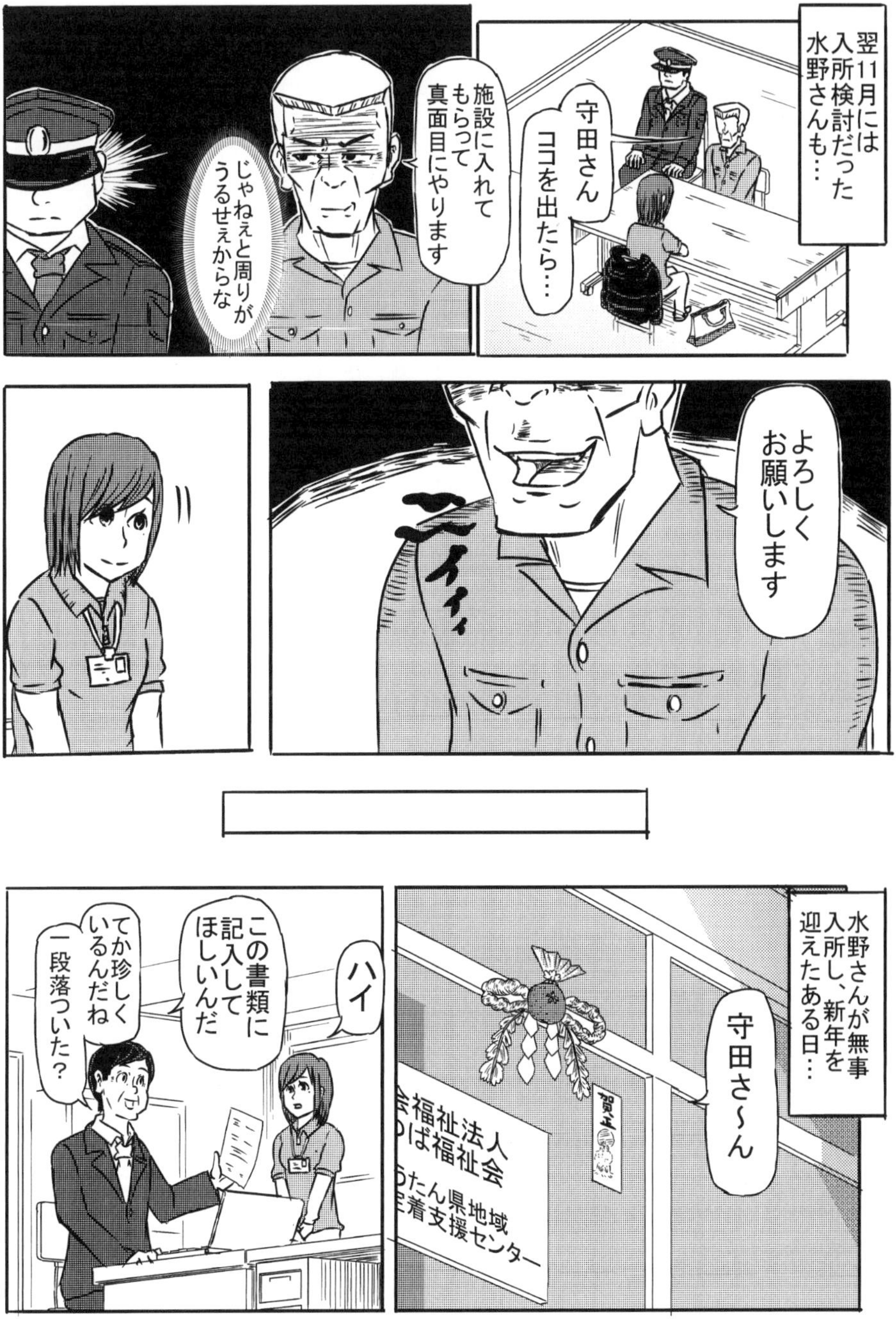
翌11月には入所検討だった水野さんも…
守田さん ココを出たら…
施設に入れてもらって真面目にやります
じゃねぇと周りがうるせぇからな
よろしくお願いします
ニィィ
水野さんが無事入所し、新年を迎えたある日…
守田さ〜ん
賀正
会福祉法人
ば福祉会
たん県地域
着支援センター
ハイ
この書類に記入してほしいんだ
てか珍しくいるんだね
一段落ついた？

ハイ！
最初はどうなるかと…でもなんとか…
で、問題なく生活してると
良かったじゃないの
ハイ！コチラ…
エッ……
…ハイ
少々お待ちください
守田さん水野さんが…

エピソード1

本心はなかなか言えない

本人の事情に配慮し、周囲の事情に注意する

このエピソードのポイント

この物語に登場する酒田さん、守田さん、そして水野さんのように自分の本心を他者に言えなかった、あるいはうまく伝えられなかったというのは、ほとんどの人が経験したことがあるでしょう。なぜ本心が言えなくなるのか。その理由を考えてみると、「言えない本人の事情」と「言えなくする周囲の事情」に大別できそうです。

本人の事情としては、酒田さんのように自分の意見を言葉にすることが難しい、守田さんのように相手への気遣いが強く働いている、といった例があります。一方、周囲の事情としては、水野さんの例のようにみずからの希望していることがあるが周囲がそれを言うことを許さない、あるいは言えなくしてしまっているという場合もあります。

犯罪行為をした人は、判断力に問題がある人というレッテルを貼られやすくなります。善悪や自分にとっての損得が判断できないから犯罪をしたのであり、社会のなかで「してはいけない」と決められている犯罪をしたのは重大な判断ミスだと周囲の人が考えるからです。もし、援助者も同じような考え方をしていれば、援助者が適切だと考える行動をとるように相手を説得するばかりになってしまい、結果的にその人が自分の意見を言えない状況が作られやすくなります。たとえば、守田さんは、「あなたに合っている」と言いながら酒田さんや水野さんに施設利用を勧めています。一見するとこれは酒田さんや水野さんのことを考えて提案しているように見受けられますが、本当にそうなのでしょうか。施設で生活するしかない、と守田さんが思い込んでいる可能性はないでしょうか。

本心は言えなくて当然

刑事司法に関与した人は、いうなれば人生で最大のピンチを経験しているような状態です。「自分の今後がどうなるのか」に関心が向きます。被疑者・被告人段階であれば、処分を受けるのかどうか、受けるとすればどのような内容になるのか、特に身体を拘束されることになるのかどうかがとにかく気になるでしょう。勾留されていれば、これがいつまで続くのかという不安もあるはずです。また、刑務所や少年院などの施設に収容されている段階であれば、「いつ出られるのか」が大きな関心事となります。

このような状況に置かれた人は、自分のほんとうの希望を人に言ったり、自分の意見をまとめて述べ

たりすることが難しくなっている可能性が高くなります。本心を言うと今後の処分に不利になるかもしれない、あるいは釈放が遅れるかもしれないと考えて自己抑制が働くこともありますし、相手が望んでいることに合わせようと迎合的になることもあります。また、当事者の認知や知的能力に制約があれば、自分の意見をまとめたり、人に伝えるのがそもそも苦手かもしれません。ソーシャルワークでは本人中心主義、自己決定の重要性が強調されます。これらはたしかに対人援助にとって大切な価値なのですが、この先どうなるかが気になっているという当事者のなかには、自分の本心は何なのか、ほんとうはどうしたいのかをはっきり言うことが難しい、あるいはそれがよくわからないという人も多くいることを援助者は知っておく必要があります。

「本人の事情」と「周囲の事情」に対処する

本心が言えない「本人の事情」へ対応するためには、視覚化や選択肢にまとめるといったコミュニケーションを補うための支援が有効なことがあります。相手と話しながら、その内容を絵にして書き留めていく方法を使うと、話の内容整理や記憶の定着につながりやすくなります。この際、❶大きめの紙に太めのペンではっきり見やすく書くこと、❷話しながら、要点を簡潔に書き留めること、❸漢字や言葉の使い方は相手の理解力に合わせて調整すること、がコツになります。そして、話し合いが終わったら、このメモをコピーしてお互いに保管しておけば、次回の話し合いではそのメモの内容をふり返ることで記憶を想起できますし、同じ話の繰り返しを減らすことにもつながります。

本心を言えなくする「周囲の事情」への対処策としては、まず支援者自身が相手に本心を言わせない態度をとっていないかどうかを確認することが重要です。援助者が必死なときほど、自分の考えた最善の選択肢以外に目が向きにくくなるので、特に注意が必要です。当事者の様子を注意深く観察し、発する言葉に意識を集中させて、本人が言おうとしていることに耳を傾けます。そのうえで、一緒に考えようというメッセージをはっきりと送ります。

提案が拒否されたら、そのことを肯定する

援助者による提案が拒否されたら、まずは、本人の口から「いやだ」と伝えられたことを肯定的に評価しましょう。共助する支援関係のためには、援助者から見て適切だと思われることと、当事者本人の認識や希望は必ずしも合致しないことを常に意識しておく必要があります。言いたいことが言えずに、あとになってそれに対する不満が爆発したり、突然失踪したりすることを考えれば、拒否できたのは喜ぶべきことです。

援助者からの提案が拒否されたら、**援助者は対決するのではなく、当事者にどうしたいのかを聞き、援助者も自分の意見を落ち着いて述べるという「対話」を目指します。**そして、対話した結果、相手の意見が変わらなければ、それが援助者にとって望ましい内容でなかったとしても無理強いしないことも

必要でしょう。ここで説得に力を入れすぎて対決モードに入ってしまっては、相手とコミュニケーションするためのチャンネルを失うことになるからです。そうなってしまっては、支援関係自体が終わってしまいかねません。

援助者の先入観や思い込みに注意する

当事者と援助者のあいだで対話をするためには、援助者が自分の持つ先入観や思い込み、決めつけで相手を捉えていないのか考えてみることが求められます。相手の性別、年齢、国籍、生活歴、病気や障がい、犯罪歴など、先入観や決めつけにつながる要因は多様です。先入観や決めつけは誰にでもあるものと考えて、他者とかかわるときの自分の考え方のクセを知るようにします。

たとえば、守田さんが彼氏とデートをしたとき、「女の子って、こんなの好きでしょ」と言われ、一方的に行先を決められてしまいました。そして、守田さんは自分が苦手な高いところへ連れて行かれても、「今さら言えない」という状況に陥ります。これはジェンダーによる先入観の例ですが、このように相手のことを一方的に決めつけて、本当にその人が何を望んでいるのかに耳を傾けられなくなることがあります。相手を、ひとりの独立した個性を持った人だと捉えられなくなっているのです。

ワンポイントアドバイス

◇当事者に本心を言わせない態度をとっていないかどうか、援助者が確認する。

◇本心を少しでも言えるように、当事者と話すときは内容を絵にして書き留めていく方法を使う。

◇援助者からの提案が拒否されたら、まずは、いやだと伝えられたことを肯定的に評価する。

◇当事者のことを先入観や思い込み、決めつけで捉えている可能性はないのか、常に問い返す。

日々修行中、援助の現場から

今回のエピソードを読んだ後、私の頭の中には、まず最初に「出たらこっちのもんや！」と言って、立ち去ったAさんのことが思い浮かびました。

Aさんは、常習累犯窃盗[1]で複数回刑務所に入っている、お元気で明るくお酒が大好きな高齢者。私は、特別調整対象者[2]としてAさんの支援を担当することになりました。

保護観察所からの協力依頼を受けて、刑務所内でAさんに数回会い、福祉の支援を受けることや今後の生活環境に関する希望の確認、実際の住まいなどの提案を約半年間かけておこないました。そして、出所したその日から住む所をはじめ、生活ができるよう綿密に準備しました。ひと口に「準備」といっても、決めるまでには大変な苦労がともないます。たとえば、生活保護の申請は本人が出向かなければならず、それから審査、受給まで日にちがかかります。それまでの衣食住をはじめとする生活そのものをどこでどうつなぐかという問題があったり、また犯罪などの問題が起きたらどうするんだと新たに暮

1　常習として窃盗を繰り返していて、一〇年以内に窃盗罪で六月以上の懲役刑を三回以上受けている（刑の執行免除も含む）場合に成立する罪。通常の窃盗罪よりも重い刑罰が科される。

2　刑務所等に入所している人に対して、更生保護法八二条の規定によって保護観察所の長が行う、釈放後の住居・就業先などの調整を「生活環境調整」といい、このうち高齢、または障がいがあって、かつ、適当な帰住予定地（釈放後に住む場所）がない者を対象として、特別の手続に基づき、帰住予定地の確保などの必要な環境調整を行うことを「特別調整」という。

らそうとする地域で難色を示されることも少なくありません。Aさんの場合もそうでした。

満期出所当日の午前八時三〇分頃、刑務所を出るAさんを出迎えました。そして、刑務所職員に見送られAさんと私たちだけになると、Aさんはおもむろに「ありがとう、じゃあ」と立ち去ろうとするではありませんか。「えっ?! ちょ、ちょっと、待って」と戸惑う私たちを尻目に、「出たらこっちのもんや!」とAさんは意気揚々。これがAさんの本心?? 出所間近の面接では、予定している生活についての説明に「わかりました。ありがたいです。よろしくお願いします」と言っていたAさんとはまるで別人……。

Aさんは、もしかしたら刑務所の職員からの提案は命令に近いものであるとか、とりあえず何も考えずに言うとおりにしておくことが、刑務所にいるあいだは得策だなどと思っていたのかもしれません。

刑務所の職員さんたちも大変なお役目なわけですが、マンガの中で酒田さんが守田さんとの面接中に斜め後ろに座っている刑務所の職員を非常に気にしている様子が描かれていますよね。刑務所に入ることは自由刑と言われることがありますが、身体が拘束され、行動の自由が制限されるとともに、感情や判断といった心を含む脳の活動の自由も制限されるんだろうなとこのような様子を見ると感じます。

その後、Aさんになんとか考え直してほしいと私たちは伝えましたが、結局一人で行ってしまう後姿を見送ることになりました。今思えば、Aさんも不安があったかもしれません。でも、それを少しでも見せたら余計に私達から口うるさく干渉されるかも……と。とにかく大丈夫だということを私たちには強く強く言うしかなかった、あるいは言うしかないように心ならずもこちらが仕向けてしまっていたのかもしれません。もっと違う話し方があったのでは、と思い続けています。

このとき、ひとつだけ心がけたのは、お別れの仕方でした。復讐的、呪い的な言葉だけは言わないようにしたいと考えました。たとえば、「どうなっても知らんで」とか「もう、次はないで」「自分の責任やで」「勝手にし」みたいなセリフです。Aさんが自分なりにやってみて困ったときには、少しでも相談してもらいやすいように。

うまくいっている経験もありますよ。それは、またこれからの「日々修行中、援助の現場から」で。またお話できるのを楽しみにしています。

コラム

地域生活定着支援センターの役割

矯正施設（刑務所、少年刑務所、拘置所および少年院）に収容されている人のうち、高齢や障がいにより福祉による支援を必要とする人に対して、矯正施設釈放後ただちに必要な福祉サービス等が利用できるよう、厚生労働省により二〇〇九年から「地域生活定着支援事業（現在は地域定着促進事業）」が開始されました。この事業にもとづき、地域生活定着支援センター（以下、定着支援センター）は、支援の対象者が矯正施設に収容されているうちから、釈放後の福祉サービスの利用に向けた調整や援助を行っています。

定着支援センターは、各都道府県に一カ所（北海道は二カ所）あり、社会福祉法人やNPO法人等が都道府県から事業委託されて運営しています。職員数は六名を基本とし、社会福祉士や精神保健福祉士が一名以上配置されています。定着支援センターの主な業務は、次の❶～❹になります。❶保護観察所の依頼に基づき、支援対象者が矯正施設入所中から矯正施設退所後に必要な住居や福祉サービス利用の調整を行うコーディネート業務、❷コーディネート業務を経て矯正施設を退所した支援対象者や受入れ施設への助言等を行うフォローアップ業務、❸地域で暮らす矯正施設退所者や関係者から福祉サービス等の利用に関する相談に応じて助言や必要な支援を行う相談支援業務、❹上記❶〜❸を円滑に行う業務。

定着支援センターの業務の特徴は、支援対象者が収容されている矯正施設と釈放後に生活する地域が離れていることが多いため、全国の定着支援センターと協力して広域調整が必要なことと、保護観察所・矯正施設・自治体・福祉サービス事業所等の多機関との連携が必要なことです。

二〇一二年の年度末には全国四七都道府県に設置が完了しました。当初は、更生訓練を行う施設と間違われて、関係機関から「犯罪行為をした人を入所させてほしい」「トレーニングや治療をしてほしい」といった相談が多くありましたが、現在では、定着支援センターの主な業務は調整であることが関係機関に認識されてきたと思います。

矯正施設収容中から支援対象者と関わる定着支援センターは、支援対象者と釈放後の生活に関わる援助者との関係を築くうえで、大変重要な存在です。そのため、定着支援センターの職員には、アセスメントや信頼関係を構築するスキル、多機関連携や役割移行のスキルなど、専門性が求められます。一方で、二〇一八年に行われた定着支援センターの実態調査では、回答のあった四二センターの職員二一六人中、在籍三年未満の職員は一二〇人と過半数を占めています。その要因のひとつに、定着支援センター業務受託法人内での人事異動がありますが、これに加えて「地域生活定着促進事業」が厚生労働省の補助事業であること、自治体によっては毎年事業受託団体の公募を行うなどにより、事業の継続性が不透明であることも一因と思われます。今後、本事業が安定的に継続できるよう、法的な位置づけなどが必要だと思います。

〈参考〉

・厚生労働省：矯正施設退所者の地域定着支援（地域生活定着促進事業）「地域生活定着支援センターの事業及び運営に関する指針（平成21年5月27日付社援総発第0527001号）」「地域生活定着促進事業実施要領」〈https://www.mhlw.go.jp/stf/seisakunitsuite/bunya/hukushi_kaigo/seikatsuhogo/kyouseishisetsu/index.html〉。

・「当事者が矯正施設入所中から行う地域生活定着支援センターの支援の実態調査」『国立のぞみの園研究紀要』第一二号（二〇一八年）九一〜一〇六頁。

一月初旬 福祉施設
実は…入所して数日後からケンカをしてて…
そんな早くからですか!?
どうもイライラしてるようで…
なれてないだけと様子を見てたんですけどね…
今、面談中です…
ギャー
面談室
スミマセン
申し訳ございません
カララ
失礼します

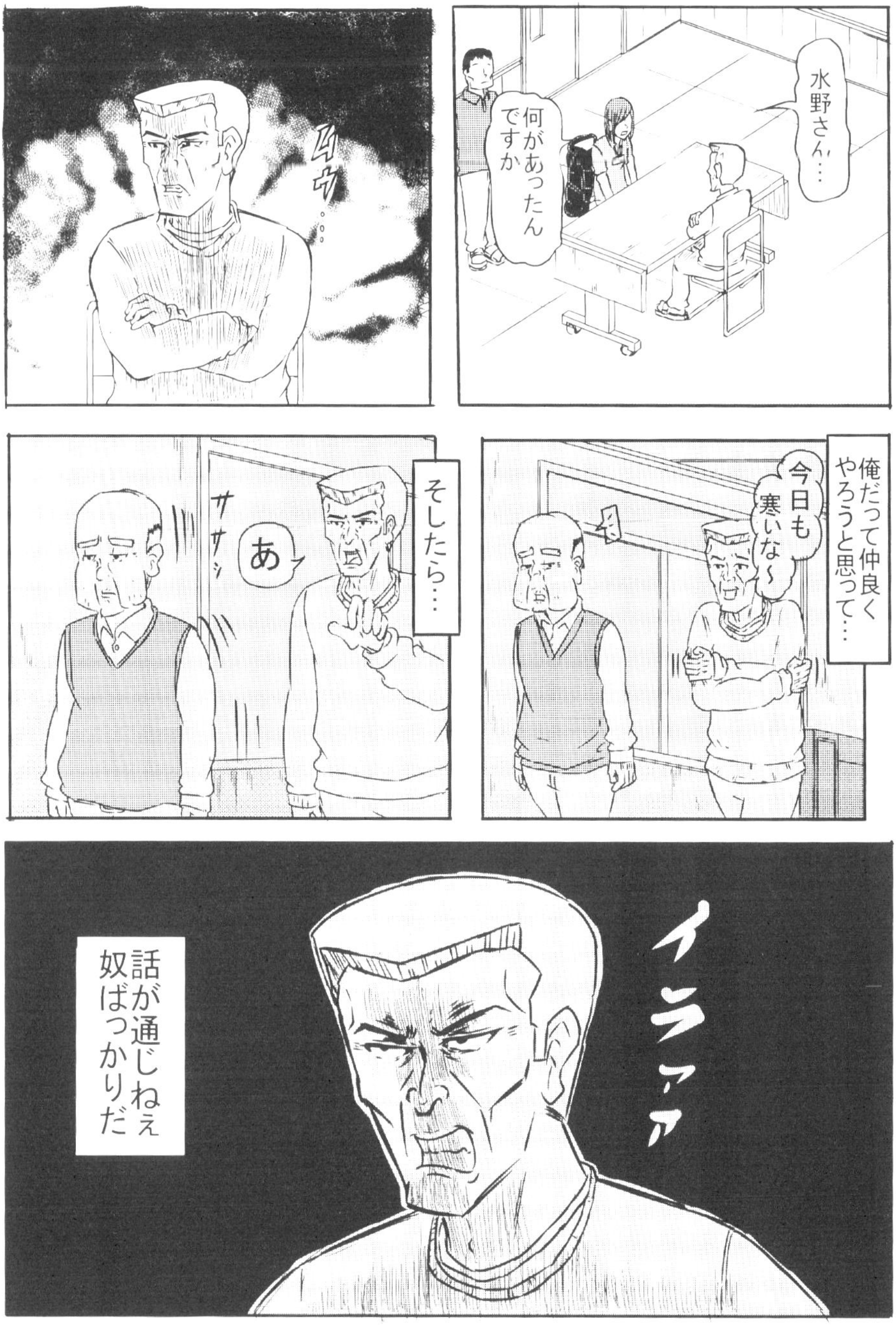
水野さん…
何があったんですか
ムゥ…
俺だって仲良くやろうと思って…
今日も寒いな～
そしたら…
あ
話が通じねぇ奴ばっかりだ
イラァア

施設ですから
いろんな方が
いますし…
知るかよ！
それに…
職員の態度だ！
会えば「酒は人生を終わらす」
「飲酒は逃げ」だと説教だ
ガミ ガミ ガミ
規則規則とウルセェし…
集団生活だからね
年下のヤツがえらそうに…
俺は…
ガキじゃねえんだ！

やっぱひとりがよかったぜ
刑務所の方がマシだな
水野さん
施設の皆さんは…
水野さんのためと思って…
ならよぉ！
ほっとけ！
余計な事すんなっ

で、では…施設を出たとして…
どこに行くんですかっ!!
そんな場所どこにも…
な
守田さん
ちょっと外へ…
水野さん…どうします？
ペコ
すいません
本人の意向なら我々も止められませんよ…

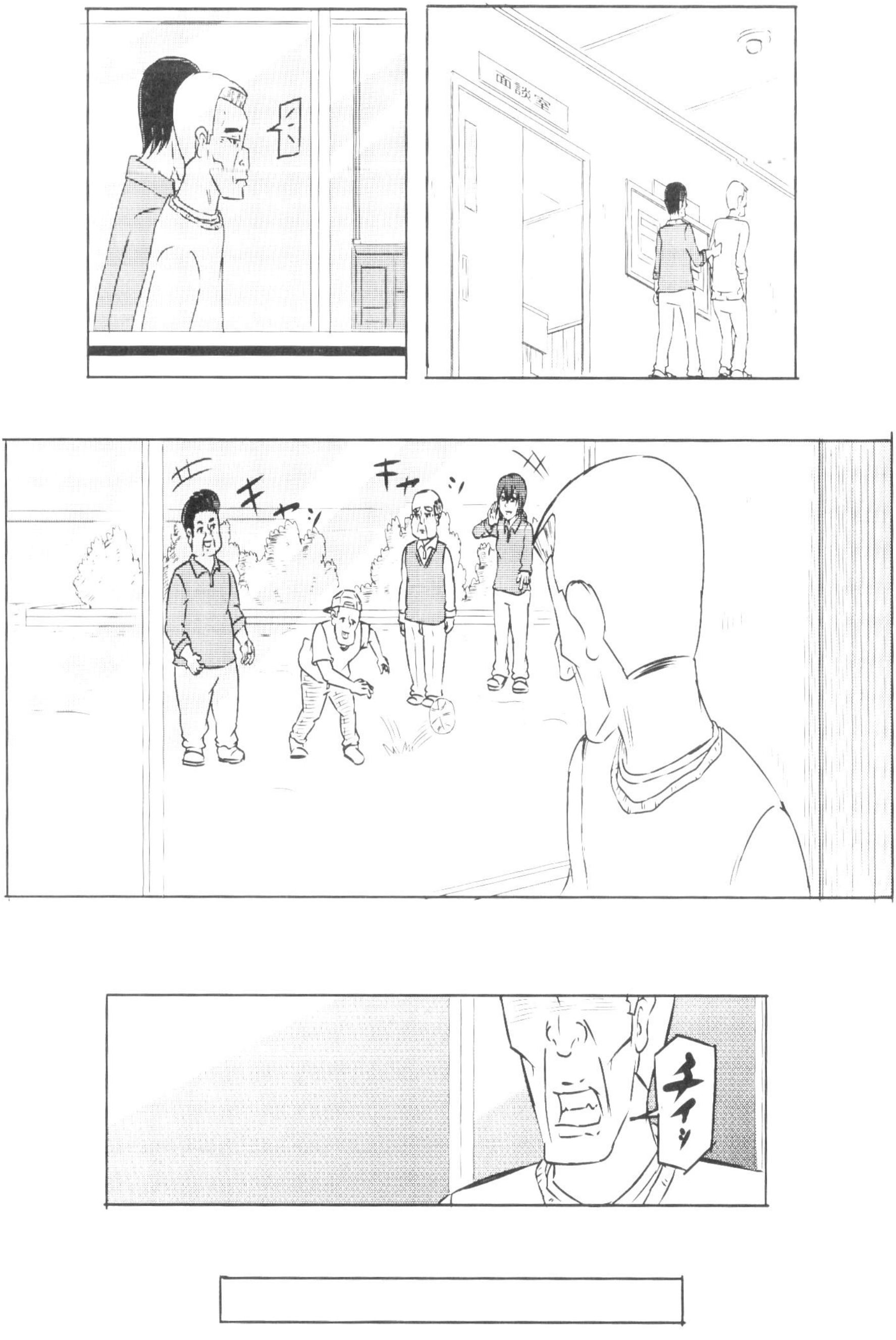
面談室
キャッ!
キャッ!
チイッ

次の休日
お誕生日にプレゼントされるご注文のワインなのですが…
ないんですか⁉
他のヴィンテージでしたら…
じゃ、じゃあ
ソレについて後ほど話を…
申し訳ございません
今、ご決断いただきたく…
エエッ⁉
…私、用事が…
ご用意したいワインも希少で
国内流通数が限られておりますので
映画デートなのに…
上映時間…
でもせっかくの誕生日プレゼントだし…

遅れちゃった
どうしたの？何かあった？
まぁ…ちょっと
エヘヘ
ねっ⁉
「ねっ」って…そんな軽く…
イラァ
…あのさ遅刻してんだよ？
なんだよ…その態度…
カチーン
ちょっと！そんな言い方…
私にだっていろいろあるのに‼

ムス
ムウ……
……ゴメン
あっイヤ…
時間も過ぎたし違うとこ行こっか
荷物持とうか?

エピソード
2
怒っている人は困っている人
正論で相手を説得しようとしない

このエピソードのポイント

相手から怒りの感情を向けられたとき、どのように反応するかは難しい問題です。特に当事者とのあいだでは相手との関係を維持していくことが前提となり、援助者の側からそれを壊すわけにはいかないために難しさが増します。たとえば、相手の主張が理不尽に思えて、援助者のなかで反射的に反発する感情が湧いてきたとしても、その感情にまかせて反応するわけにはいかないでしょう。一方で、相手の示す怒りに反応せず、それを放置しておくだけでも状況が悪化していく可能性を高くします。反応しないことは、無視することと同じになるからです。場合によっては、当事者の態度の問題を指摘することもありえるかもしれませんが、それは相手の怒りの感情が収まってからの話です。

怒りの感情を示している人に接すると、私たちは緊張して身構えます。不安や恐怖の感情、そこから生まれる躊躇、あるいは嫌悪、反発など、緊張するのにはさまざまな理由が考えられます。皆さん自身がそれまでに経験してきた、怒っている人とのかかわりも影響してくるでしょう。怒っている人に対して身構えることによって、その人について冷静に考えたり、客観的に見たりしにくくなります。また、相手に対して何らかの嫌悪感、忌避感を覚えることもよくあります。私たちは怒っている人に出会うと、その人とはできるだけかかわり合いたくないという感覚を持つのです。

一方で、自分が援助者として関わっている相手が怒っていると、自分がなんとかしなければという思いに駆られることがあります。「自分がこの場を納めなければ」という、ある種の義務感とでもいうような感覚です。これによって援助者が焦りを募らせれば、冷静さや客観性をさらに失わせるように作用するでしょう。そんなときに援助者がとりがちな行動のひとつが、正論を述べて相手を説得しようとすることです。守田さんは「施設の皆さんは、水野さんのためと思って」言っているのだと説明し、また「ここを出ても行くところはない」と言いかけそうになります。

正論による説得は状況を好転させせない

このように相手が怒っているとき、正論を述べて説得しようとすることは必ずしも状況を好転させません。なぜなら、正論を述べても相手の発している感情への対応にはならないからです。たとえば、守田さんの発言は、水野さんの怒りの感情を解消するのにつながっていません。職員が言っていることは間違いではないこと、ここを出れば行くところはないことは水野さん自身がよくわかっているのだと思います。そのことをあえて指摘しても、水野さんにとっては何も得るものがないばかりか、無理に説得を重ねれば、さらに彼を追い詰めることになります。水野さんにしてみれば、「そりゃあ、言っていることは正しいかもしれないけれど……」「でも、納得できない」という気持ちなのでしょう。**正しさが人を傷つけることがあるのです。**

正論は状況を解決するわけではなく、相手のフラストレーションをさらに高めてしまいがちです。しかし、ついつい正論を口にしてしまい、結果的に相手との対立を深めてしまうことがあります。そんなときには、これは当事者のためなのだろうか、それとも援助者自身の気がすまないから言おうとしているのかを考えてみましょう。

また、「違う」「無理だ」「現実的ではない」といった**頭ごなしの否定は避けるように意識します。**そして、「あなたはそう考えるんですね」といったようにいったん受け止めて、「私から見ると、こういう風に見えるんです」「こんな考え方もあるのかもしれない、と私は思うんです」といったように、**「私」を主語にしながら確認、提示をして、相手の判断を待つようにすると、相手を一方的に説得しようとしてしまうことを避けられます。**このとき、「でも」「そうは言っても」というような相手を否定する言葉を使わずに話すように意識してみましょう。このような否定の言葉は、案外、自分が思うよりも頻繁に使っていることがあるからです。

本人の困りごとに目を向ける

怒っている人は困っている人である、といわれることがあります。本人が困っていることが何かあるが、どのようにそれに対処していいかわからずに、あるいはうまく状況が説明できずに、怒っているのではないかという捉え方です。そのように考えてみると、**怒っていること自体を問題視して、その状態を止めようとしてもなかなかうまくいかない**ことになります。それよりも、当事者が誰に対して怒っているのか、何を目的にしているのか、どうなりたいのか、といった内容に目を向けて、困りごとの中身をはっきりさせれば、実質的な問題解決に向けた共同作業につながりやすくなるでしょう。**怒りの感情そのものではなく、怒りの向けられている対象や怒ることによって本人が得ようとしているであろうこと、といった内容に目を向けるのです。**

困っているのなら、助けを求めるはずではないかと思われるかもしれません。しかし、助けを求めるのはそう簡単なことではないのです。「男だから」「年上だから」「いい年をした大人だから」などといった理由で、他人に助けを求められないことはよくありますし、プライドが許さないこともあるでしょう。そもそも、一般的にみて私たちは他人に助けを求めるのは苦手なのかもしれません。

特に、刑事司法に関与した人は、助けてくれる人がこれまで周囲にいなかった、あるいは助けを求めたら逆に利用されて嫌な目にあった、といった経験をしていることがあります。そのため、相談するという選択肢が本人のなかに存在しない、相談することにとりわけ消極的になっていることも珍しくありません。そこで、本人の困りごとが何であるのかをはっきりさせるために援助者の方から働きかけることが求められるのです。

怒りの下に潜む感情や考えに目を向ける
――「氷山モデル」

当事者の怒りの感情そのものに目を向けるのではなく、その下には別な感情や思考があるのではないかと考えてみましょう。このように表に現れたものだけではなく、その基底や根本にあるものに目を向ける考え方を「氷山モデル」といいます。「氷山の一角」という表現にもあるとおり、海面に見えている氷山は全体の一部であって、水中に隠れたところにはその何十倍もの体積の氷の塊があります。

図のように氷山の姿をイメージしながら、当事者の怒りにつながっている感情や考えを理解しようとしましょう。当事者の感情や思考の総体が氷山全体だとすると、本人が示している怒りの感情は氷山の一角ですから、怒りの感情の下には一見しただけではわかりにくい別な感情や考えがあるのかもしれません。たとえば、

図 氷山モデル

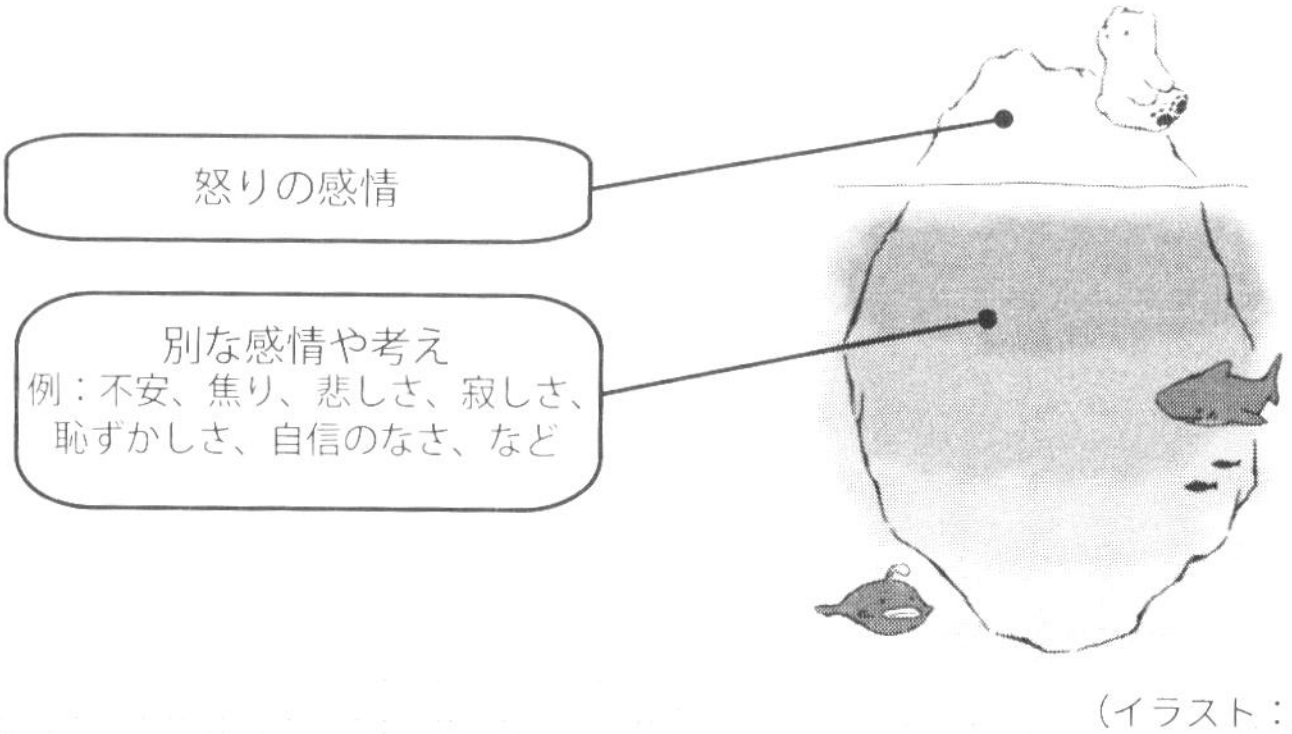

（イラスト：藤山晴夏）

不安、焦り、悲しさ、寂しさ、恥かしさ、自信のなさなどがありえます。**これらはひとつであるとは限らず、いくつもの感情がお互いに影響しながら併存している可能性もあるでしょう。**

ワンポイントアドバイス

- **相手が怒っているときは、正論を述べて説得しようとしてもうまくいかない。**
- **怒っている人は困っている人なので、本人の困りごとの内容に目を向ける。**
- **怒りの感情には、別な感情や考えが影響しているという「氷山モデル」で考えてみる。**

日々修行中、援助の現場から

エピソード2のマンガと解説を読んでみて、今どんな思いや体験などが心に浮かんでいらっしゃるでしょうか。もう何十年も前の、私の思い出ですが、ファミリーレストランでアルバイトしていた頃の話をひとつ聴いていただけますか。

四〇代後半くらいに見える男性が、ディナータイムにお一人で来店されました。何回か来ていただいているお顔。実は、何かと無理な注文をしたり怒りっぽい態度をされまして、要望に応じられないことをわかってもらうことに手間取ることで印象に残っているお客様でした。

すぐ、「生ビールの大一つ」と注文され、「生ビールは小か中になりますが、中でよろしいでしょうか」と答えるのですが、「なんで、大がないんや。儲け主義か」と早速、声を荒げます。

そこで、店側の事情、つまり儲け主義などではなく、アルコール提供よりお食事がメインなので、お食事と一緒に、できるだけ冷たい状態で美味しくビールを楽しんでいただく、というコンセプトを説明……と思いかけて、「待てよ」と思い、「そうですよねー」。大があるほうがいいと思います。私が社長なら大をメニューに入れますけどね」と言いました。すると、「そうやろ。しゃあないから生中でしんぼうするわ。はよ、出世してや」とおっしゃるのです。

このときに私、ちょっとした発見をしました。このお客様が本当に求めていたのは、生ビール大を呑むことより自分の思いを受け入れてもらうこと、わかってほしくて怒りの感情を使ったり、店が悪いように言ったりしてきたのではないか。もしそうであるなら、怒りは、生ビール大がないという「原因」

より、思いを受け入れてもらう、他の客より一目置いてもらう、あるいは特別扱いしてもらうというような「目的」のために、無意識かもしれないけれど使っているもの、表出しているものではないかと思い至りました。互いに自分が正しい、相手が間違っていると水掛け論を続けていたら、最後には勝ち負けの争いみたいになって「店長を呼べ！」と騒ぎになっていたかもしれません。福祉の仕事に就いた今でも、このときのことはよく思い出します。というか、仕事や立場、専門性なども大事ですが、人と人の関係という根っこの部分は同じであるように感じています。

最近思うのは、不適切な言葉や態度であっても、表出してくれている場合は、何かしら、相手に、この場所に期待しているんだなということ。マンガの中では、水野さんは施設から無断でいなくなったり、物や人に当たったりしないで面談しています。でも、守田さんから「水野さんのために」「行くところなんかない」と図星なことを言われ、期待より、目の前のメンツが潰されたために「放っとけ」という捨てゼリフとともにシャッターを降ろしてしまいました。

水野さん、守田さんが感情を使う目的はどのようなことでしょうか？　相手を思い通りにコントロールするために感情を使ってみることって、実は私たちもよくやっているように思います。たとえば、子どもの頃におじいちゃんやおばあちゃんにおこづかいもらって、オーバーに喜んでみせると、「お母さんには内緒だよ」とまたおこづかいをもらえた経験はないでしょうか。あるいは、もう言いわけさえできないピンチのときに、泣いてそれ以上言及されることをなんとか免れようとしたことはなかったでしょうか。

さて、日的どおり、思いどおりにしたいがために、いろいろある感情のうちの「怒り」をあえてよく使う人の事情ってどんなことでしょうか。「氷山モデル」のように考えてみると、「怒り」に隠れてわかりにくいけれど、自分の本当に望んでいることに気づいていない人なのかもしれないし、気づいていてもそれを言葉でうまく説明できないのかもしれません。あるいは、正直に一生懸命に言葉で説明しても、わかってもらえた試しがなく、諦めてしまったのかもしれません。また、親や周囲の人が「怒り」を使うコミュニケーションを多用していたことで影響を受けたかもしれませんし、自分でもその方法でその場を思いどおりに動かすことができたというような経験を重ねてきて、困ったら、弱ったら怒ろうと無意識の決意をしているのかもしれません。

たとえば、怒っている人が一人いるとき、そこにはその人を怒らせているその人以外の何かがあるのではないか、誰が良い者、悪い者ということではなく、その人の怒りにつながるような「関係性」があるのではないかと思うのです。そう考えると、怒っている人だけをただ厄介な人、危険な人などと評価して特別視したり、排除してしまうのは早計な気がします。

また、感情を出すことが悪いとは私は思いません。ただ「私の感情」は私のもので、「相手の感情」は相手のもの、という点が大事です。そういう意味でも、意見を言おうとするときに「あなたは～だ」でなく「私は～だ」と「私」を主語に話すほうが、正直な内容になりやすいですし、相手を評価や非難しない安全な対話につながるのではないだろうかと思っていますが、いかがでしょうか。

コラム

通訳者・解説者としての地域生活定着支援センター

地域生活定着支援センターの仕事は「異文化コミュニケーション」における通訳、ガイドのようなものであると言われています。[1] さて、この異文化とはどういう意味でしょう。地域生活定着支援センターには「司法と福祉の連携」による支援を求められている。実際どういうことなのか想像していただけるでしょうか。

登場人物として、まずなんらかの犯罪行為をおこなった当事者本人がいて、場合によりその親族などがいます。関係する機関・職種としては、警察官、検察官、弁護士、裁判官、刑務官など矯正施設の職員、保護観察所の職員がいます。そして、当事者には障がいや高齢といった状況があるの

1 浜井浩一「高齢者・障がい者の犯罪をめぐる議論の変遷と課題――厳罰から再犯防止、そして立ち直りへ」法律のひろば六七巻一二号（二〇一四年）四～一二頁。

で、治療回復のための医療やリハビリテーション、制度や社会資源利用のために行政機関、施設や事業所もかかわります。さらに心理職や研究者、友人や知人などが登場することもあるのです。また、これら各関係者、機関が国内さまざまな地域に点在していることが多いという特徴もあります。これは、対象者が逮捕などをされる前に生活基盤を置いていた所、逮捕された所、収容された矯正施設の所在地、矯正施設出所後に帰住しようとする所が別々であることが珍しくないからです。

地域生活定着支援センターは対象者の支援にあたり、場面ごとにこの人たちと協働関係を構築する必要がありますが、当事者を支え安心な社会を実現することが共通目標でありながら、所属する組織、立場、専門性、地域により使う用語、価値観が異なるのです。そのため、協働すなわち話し合って互いに理解しあい適切な役割分担をする前段として、まず通訳者、解説者が必要になります。さらに、各機関が決めている業務範囲が違います。そこにいる人に手を差し出したとしても、相手に届き握ってくれるとは限らないのです。しばしば人と人、組織と組織あるいは場所から場所への「橋渡し」という言葉を耳にしますが、地域生活定着支援センターは日常業務において、異文化多言語の通訳と解説をおこないながら、目的地までのガイド役を求められることになるのです。ひじょうに困難な役割ですが、それでも、ともに歩いてくれる人がいればこそできる仕事だと言えます。

うわ〜
海タマ王水族館
キレ〜
あっちにもイイのあるよ
うわっ！
何ココ!?
クッションもあるし…
座ったり寝ころんだり
くつろげるんだ
イイね…
なんか…
ホゥ…

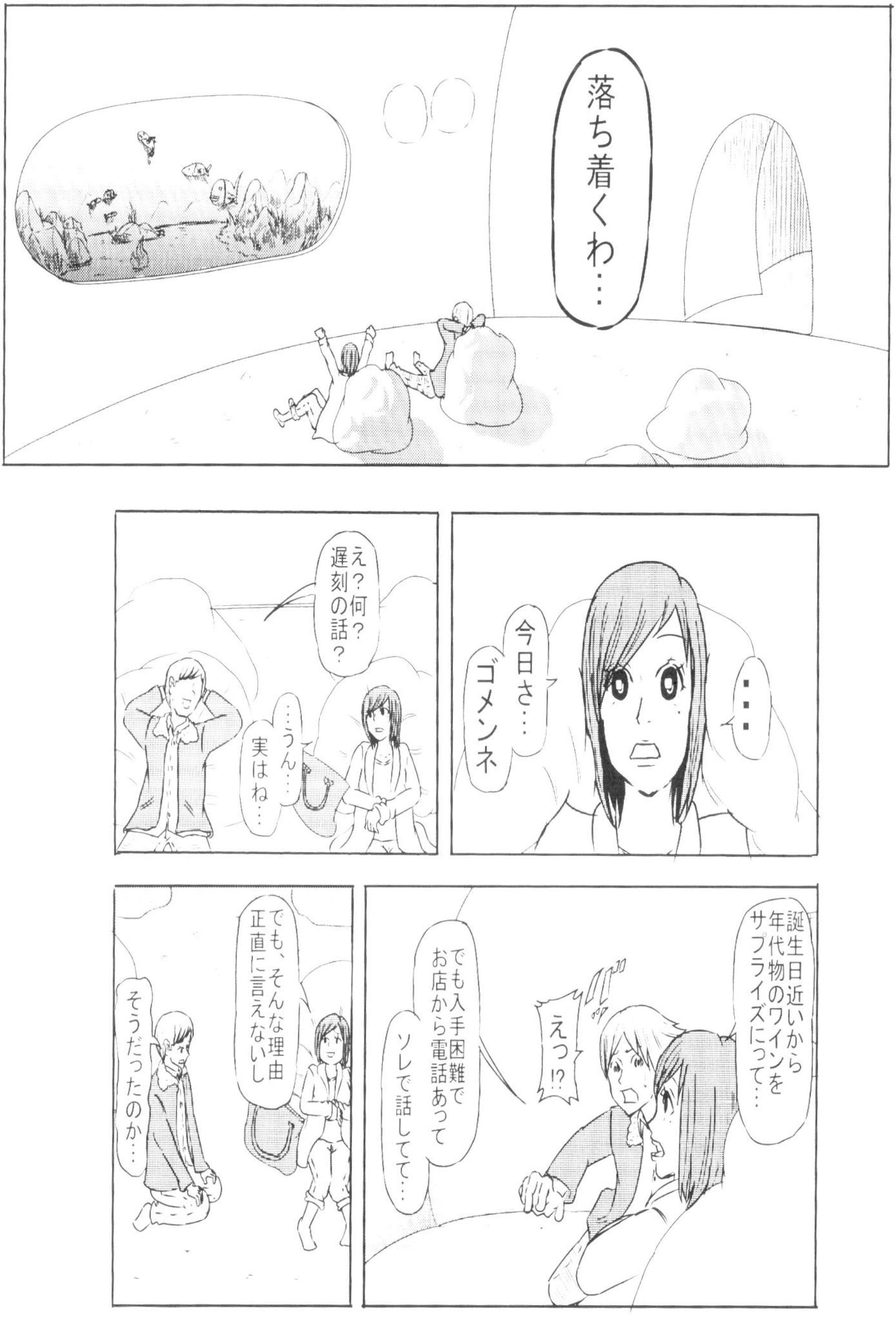
落ち着くわ…
…
今日さ…ゴメンネ
え?何?遅刻の話?
…うん…実はね…
誕生日近いから年代物のワインをサプライズにって…
えっ!?
でも入手困難でお店から電話あってソレで話してて…
でも、そんな理由正直に言えないし
そうだったのか…

それなら…謝るのはコッチだよ…
僕のためにしてくれた事なのに…
気にしないで
私も悪かったし
おかげって変かもだけど…ココに来れたし
何か落ち着いて…
素直になれたよ
正直に話せてよかった

翌日
所長・・・お時間よろしいですか？
地域センター
水野さんの件で
あぁ・・・相談記録読んだよ
・・・ハイ困っていて・・・
話をしようにも感情的になって話になりません
施設を出ても行くあてもなく他の施設もありませんし・・・
単身生活だと再犯も心配ですし・・・
一体どうすれば・・・
う～ん・・・
ヨシ！次は私も同行しよう！
ええっ!?

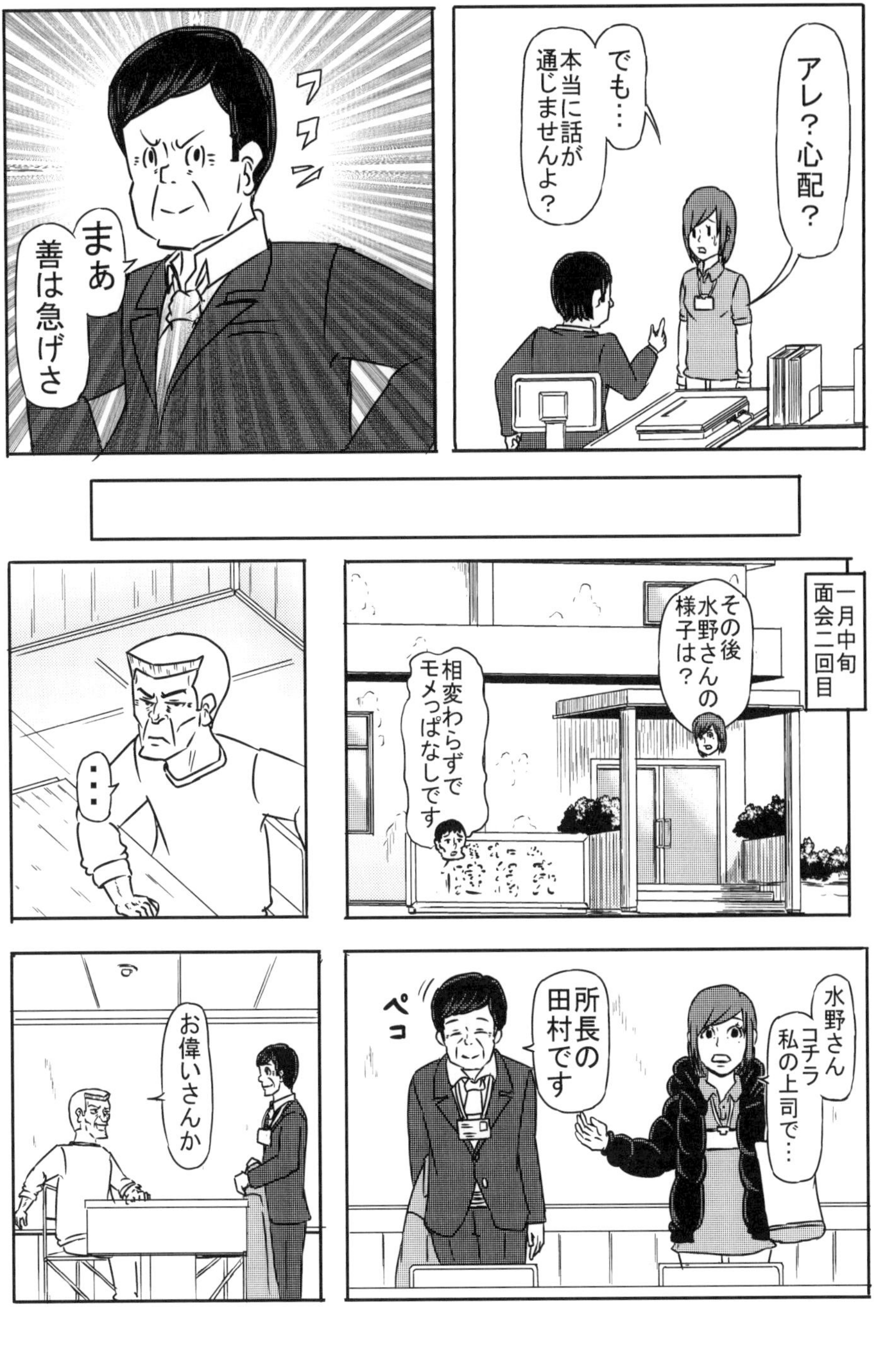
アレ?心配?
でも…本当に話が通じませんよ?
フフン
まあ善は急げさ
一月中旬 面会二回目
その後水野さんの様子は?
相変わらずモメっぱなしです
…
水野さん コチラ 私の上司で…
所長の田村です
ペコ
お偉いさんか

その後どうです？
考え直してくれました？
私たちはですね水野さん…
…みんな…
アナタのためと思って…
ピクッ
スッ…
だから…
俺は…
前から…

出てくっつってんだよ
さんざん職員と話したんだ
同じ話なら帰れ！
なるほど…
それなら
カフェオレでも飲みながら
一息入れましょうか

あっ守田さん
机とイスどけるから手伝って
なんだよ急に…
えっ!?
所長…何してんだろ？
水野さんの話は案の定管を巻き…
ゲチ
こんなんいいから早くひとりに…
グチ
さらに最悪な事に…
ギャー!!
オレは悪くねえっ!!
ワー!!
手に負えない事態になったと思った…
様子が変わったのはひとしきり怒鳴った後…
お…俺だってよぉ
本当は…
そう呟いた時だった…
大丈夫かい？水野さん…
言いにくかったら守田さんに外してもらおうか？
いいんだ所長さん
守田さん…アンタも聞いてくれ

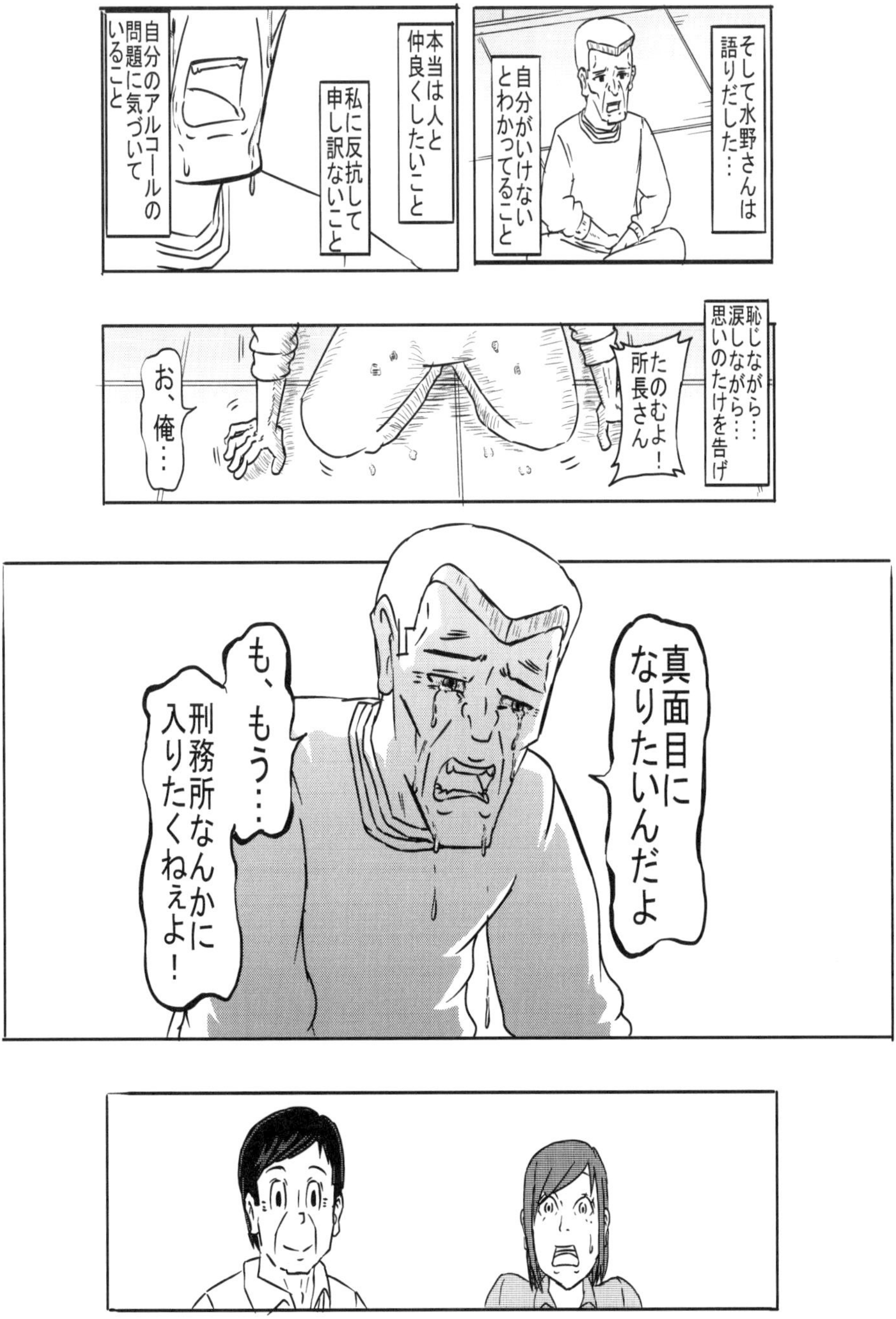
そして水野さんは語りだした…
自分がいけないとわかってること
本当は人と仲良くしたいこと
私に反抗して申し訳ないこと
自分のアルコールの問題に気づいていること
恥じながら…涙しながら…思いのたけを告げ
たのむよ！所長さん
お、俺…
真面目になりたいんだよ
も、もう…刑務所なんかに入りたくねぇよ！

一体どうやって説得したんですか？
説得じゃなくて…
「安心安全な場」で聞いたから…かな？
まず、話は対面しないほうがいい
対立心を煽るからね
休憩のときの位置がいいね
次に甘いもので血糖値を上げるんだ
だんだん心を落ち着かせる作用があるから
水野さんはよく怒るけど
感情ではなく…
話している内容に注目するんだ

ポイントは…
「だれに対し」「何を目的」に「どうなりたくて」
怒りの感情を使っていたか…
ガァァ
怒
水野さんは『相談員』や『施設の人』に怒ったね
次に「目的」だけど
『君たちに関心を向けてほしかった』からじゃないかな?
気づいてくれ!!
ほっとけ!!
でも…「ほっておいてくれ」って…
その言葉の意味は?彼はどうなりたかったのかな?
『ひとりになりたい』です
じゃあ…その理由は?
えっ!? 理由?
ソコが大切だよね
自分はひとりが合ってると決め付けてるけど
本当は
「どうせまたダメだ…」と人と関わる勇気を挫かれたんだ

何より彼は ここにいて話が できたじゃないか
水野さん… 今まで何回 言って来たんだろ
「ひとりがいい 刑務所の方が マシだ」って
彼にはそれしか なかったんじゃ ないかな？
怒っている人は その場で一番 弱っていて混乱 していて
わかってほしいと 思っている 人なんだよね
まぁ…コレは 水野さんに限った ことじゃないけどね
本心も言って くれたし…
たぶん彼は
回復して くれるよ
だといいん ですが…

エピソード 3

コントロールではなくコミュニケーションを

安心・安全な空間を用意して、感情よりも内容に注目する

このエピソードのポイント

今回のエピソードの冒頭の様子をふり返ってみましょう。待ち合わせの時間に遅れた守田さんは、その場では彼氏に理由を告げることができず、気まずい雰囲気になってしまいました。その後、静かで、落ち着ける場所にふたりで移動して、そこで初めて遅刻した事情を話します。冷静に、正直に話せたことで守田さんは心地よさを感じています。

場面が変わって、守田さんは「（水野さんと）話をしようにも、感情的になって話になりません」「本当に話が通じませんよ？」と所長の田村さんに言います。そして、田村さんとともに水野さんと再度面談をしますが、守田さんは、冒頭から「考え直してくれました？」と尋ね、重ねて「アナタのためと思って」と口にします。それに対して水野さんは反論し、怒鳴ります。前回の面談のときと同じような展開をたどったのです。

水野さんがこのように反応した理由を考えてみましょう。まず、水野さんなりの事情や説明したい

ことに守田さんが耳を傾けず、水野さんは「話が通じない」という前提で自分の考えを一方的に話したことがあります。そして、守田さんが「あなたのためと思って」と言ったことが、水野さんの感情的な反発を決定的にしたのでしょう。なぜなら、この言葉は、半分だけ本当だからです。「あなたのため」と援助者が言うときは、「援助者自身のため」でもあるかもしれません。守田さんには、このまま水野さんの行き場がなくなってしまうのは「援助者として、自分が困る」という事情もあったはずです。このように、本当は援助者のためで(も)あるのにそうとは言わず、「あなたのためを思って」と説明するというような、援助者の矛盾した言動は当事者の態度をかたくなにさせます。

安心・安全な場を用意する

まず、**当事者が安心できて、安全が保証されたと思えるような空間を面接のために用意します。**そのような空間では本人が落ち着き、自分の考えや気持ちをそれなりに率直に話せる可能性が高まるからです。具体的には、圧迫感を感じさせないように一定の面積があって、あまりうるさくなく、プライバシーが保たれる場所が望ましいのはもちろんですし、室内の温度設定や日差しの入り具合などにも気を配ります。

このような場所を用意したからといって「落ち着いた」「素直になれた」とはっきり口にする人は多くないかもしれません。特に当事者の場合は、これまでの生活経験や年齢、性別などの要素が重なって、感情をあまり表に出さないことも珍しくないでしょう。しかし、たとえ表現しなくても、冷静になって、自分の気持ちや考えを人に伝えることができれば、その経験は共助する支援関係のためにプラスに作用します。

つぎに**面接の場での相手との位置関係を考えます。**田村さんが解説しているように、対立的になりやすいのでお互いが正面で相対するように座るのは避けます。円卓があれば便利ですが、角型のテーブルでも、図のようにお互いの位置をずらして向かい合う、お互いが直角になるように座るといった工夫ができます。日本の住宅事情を考えると畳に慣れた人も多いので和室を使うのもいいですし、お花見などのように地面に座って飲食をする習慣もあるので、断熱機能のあるシートなどを準備すれば洋室の床に参加者が皆で座るというやり方もあります。

そのうえで、**飲み物やスナックなどの簡単な食べ物を用意しておくことも有効です。**血糖値が上がると気持ちが落ち着くという側面もありますし、飲食をともにするという行為自体が相手との友好的、共感的な関係を築きやすくするからです。その意味では、当事者だけでは

図 面接の場での位置関係の例

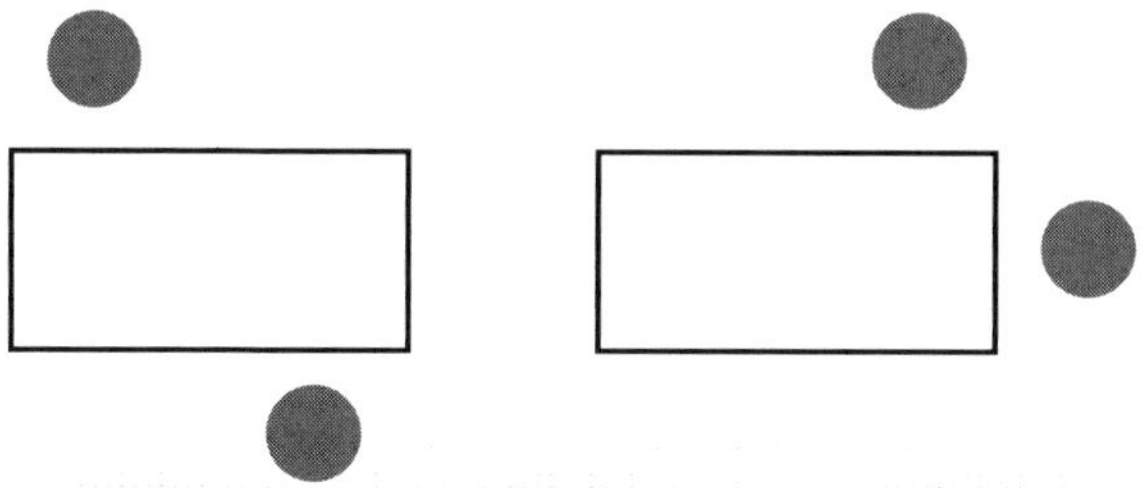

なく、援助者も一緒に何かを口にするといいでしょう。

ディスコミュニケーションに注意する

コミュニケーションがない状態、お互いに理解しない（できない）状態をディスコミュニケーションといいます。当事者に対して「話にならない」「話が通じない」と援助者が考えるのは、まさにディスコミュニケーションです。このような状態になると共助する支援関係を築いたり、維持したりしていくのが難しくなります。なぜなら、私たちが「話にならない」「話が通じない」と言うとき、そこに相手の立場からの視点はないからです。援助者から当事者に視点を転換してみると、「話にならない」「話が通じない」と評価するような態度をとっている援助者こそ、「話にならない」「話が通じない」人だと映っているのかもしれません。

話をするにあたっては、当事者と対話しようとする姿勢が基本になります。当事者を説得しようとしないというのが重要です。場合によっては、当事者の考えや主張が現実離れしたものであったり、言いわけをしているように聞こえたりすることがあるかもしれません。また、本人の希望が必ずしも援助者からみて望ましくないこともありえるでしょう。そのようなときほど、「話にならない」「話が通じない」と援助者が考えてしまい、相手とのディスコミュニケーションが生じやすくなります。そうなると、援助者が自分の考えを一方的に説明したり、当事者の矛盾や不十分な点を指摘したりすることに集中しがちになるので注意が必要です。

相手をコントロールしようとしない

援助者は感情をありのままに受け止めるようにして、当事者をコントロールしないように意識します。

相手が見せている感情に対する評価をひとまず置いておいて、「この人は怒っている」という事実を確認しておくだけにしたほうが、その後の対話につながる可能性が増すでしょう。このときに注意が必要なのは、相手の感情はあくまで「受け止める」のであって、必ずしも「受け入れる」わけではないという点です。受容しようとすれば援助者に大きな負荷がかかりますから、感情を確認するのにとどめるようにします。

怒りのような否定的な感情を実際に自分の目の前で相手から見せられると、特にそれが強いものであればあるほど、評価し、対決して、相手を変えようとしてしまいがちです。援助者から見て望ましくない感情を表現している相手を止めて、抑え込もうとしているのだとも言えます。しかし、このような相手に対する支配や抑圧の試みは当事者と援助者のあいだに対決関係を生み出すことになりますから、うまく作用しません。

また、怒ることによって当事者が自分の周りの人たちをコントロールしようとしている場合もあります。これは意識的にされていることもあれば、無意識のうちにされていることもあるでしょう。援助者がそのようにコントロールを試みている相手を抑え込もうとすれば、結局は力と力の対決に巻き込まれてしまい、その結果として相手からコントロールされてしまう可能性も出てきます。その意味でも、相手をコントロールしようとしないことは重要です。

本当の関心事は何かを考えてみる

人が怒りの感情をみせている場面でこそ、「怒ることによってその人が何を言おうとしているのか」を考えてみましょう。「その人なりの事情や説明したいことがある」のではないか、という姿勢で臨むことが援助者には求められます。水野さんはほかの入居者や職員の態度について不満を述べていますが、ほんとうの関心事は飲酒への欲求や他者とうまくつき合いたいという希望のように思えます。しかし、このエピソードに描かれているように、本人がなぜ怒りの感情を持つに至ったのか、本人なりの事情に援助者がなかなか目を向けられないことがあります。また、当事者が本人なりに説明しようとすると、それは言いわけであると決めつけられてしまう場合もあるでしょう。

ほんとうのことは言いにくい、ということにも気をつけましょう。今回のエピソードでは、守田さんが彼氏とのデートに遅刻してしまい、守田さんにも「守田さんなりの事情や説明したいことがある」のに言い出せず、結局は聞いてもらえないという出来事がありました。このように日常的な生活の場面を考えれば、言いたいことがあるのに言い出せないということがいかによく起こるかは、誰しもが思い当たるのではないでしょうか。

ワンポイントアドバイス

◇当事者と話をするときは、本人が安心できて、安全が保証されたと思えるような空間を用意する。
◇当事者とコミュニケーションがない状態、お互いに理解しない（できない）状態である「ディスコミュニケーション」に陥らないように注意する。
◇当事者をコントロールして変えようとするのではなく、その人のほんとうの関心事、本人なりの事情は何かを考えてみる。

日々修行中、援助の現場から

私も小学生や中学生の頃、親や先生から「勉強しなさい。お前のためやで」なんて言われると、もう理屈抜きになんだか面白くないというか、図星や正論であればあるほど反発したくなったことを思い出しました。「私のためなんかじゃなく、大人の体面や見栄、都合のためだ！」なんて毒づいて、言うことを聞こうとしませんでした。

なんでそんな気持ちになったんでしょうね。今思えば、大人から与えられた課題をこなす自信がなくて、でもそんなことを言うと叱られたり話が長くなるだけだから、なんとか取り組まない理由を探していたのかもしれません。あのときの私は、どういう言葉を必要としていたんだろう……。「勉強しなくても、大切な子どもであり生徒」「勉強を勧めるけれど、するかしないかを決めるのはあなた自身」「それに協力できることがあればしたいと思ってるからね」とか？　たとえば、テストの点数が六〇点だったなら、とれなかった四〇点を責める前に六〇点をとれたことや、結果だけじゃなくて、一応頑張ったことをちょっとでもいいからわかってもらいたかった……のかもしれません。もしそんな風に言われて、考える時間をくれていたら少し気持ちを楽に、どうするのが良いのか考えられたかもしれなかったなと思ったりします。ただ、私が勉強しなかったのは、親や先生の言葉や態度のせいではなくて、あのときの私が勉強しないことを決め、そのように行動したからなんですが。

さて、安心で、正直にいられる安全な場所、時間そして関係。皆さんにとってのそれはどんな場所であり、どなたとの時間でしょうか。少しでも、安心・安全な場所・時間・関係にしたいなと思うとき、これと決まった形ではなくて、そのときにできること、あるものでも十分いいと思うのです。

あれはたしか、裁判で執行猶予判決を受けた、当時三〇代半ばだったBさんを拘置所に出迎えに行って保護観察所に更生緊急保護[1]の申請に同行したときのこと。今からどうしても携帯電話のショップに行かなければならない、と急に言い出すBさん。さて、困りました。この後、すぐ病院で受診し、入院する予定になっていたからです。病院には午前中のうちに着かなければならず、寄り道できるほどの時間的余裕がありません。「それって、どうしても今なん?!」「それより大事な、優先せなあかんことがあるやろー」と心の中で叫びます。

保護観察官に事情を伝え、内心焦りながら、「お菓子かなにかあればいただけませんか?」とお願いしたら、カップラーメンならと言って用意してくれました。Bさんも食べると言ってくださったので、お部屋を貸してもらい、お茶も出していただき、しばし一人で、ラーメンを食べてもらいました。今日どうするかはBさんに決めてもらおうと肚をくくり、Bさんが部屋から出てくるまで待つことにしました。でもね、正直言うと、「ショップはまたこの次にすると言ってくれないかな」と心の中では祈ってましたよ。あのときはなんとなく対話を続けるのもいいけれど、一人になれる場を提案してもいいのかもしれ

1　更生緊急保護とは、法の定める要件を満たした人(次の❶〜❸)に対し、保護観察所が基本的に六カ月間、生活上のアドバイス、更生保護施設での宿泊、帰住の援助、就職の支援などの特別の保護をすること。❶刑事上の手続または保護処分による身体の拘束を解かれた人(更生保護法八五条一項。更生保護法は以下「法」とします)、❷親族からの援助や、公共の衛生福祉に関する機関等の保護を受けられない、または、それらのみでは改善更生できないと認められた人(法八五条一項)、❸更生緊急保護を受けたい旨を申し出た人(法八六条一項)。

ないと思いました。たしか、ラーメンをここで私たちと食べるか、あっちの部屋で食べるかBさんにたずねたと記憶しています。結局、そのあとBさんは病院に行って入院されました。「なんとなく気がすんだ」と後から聴きました。また、その日は判決がどうなるか不安で眠れず、朝からろくに食べ物が喉を通らなかったんだそうです。腹が減っては戦さ……じゃなく、協力ができぬ、でしょうか。

マンガでは、車座に座って対話していました。何人かで対話するというとき、私もいわゆるサークル型が好きです。できれば前に机なんかもない円形。サークル型の意味は、上も下もない、始まりも終わりもないということで、ありのままに安心・安全に対話して、サークルの真ん中を豊かな水を湛えた泉のようにしたいのだ、と教わったことがあります。

ところで、正しいことを伝えることがいけないかというと、決してそうは思っていません。正しいことはもちろん正しい。ただし、伝わり方が大切だと思うのです。「正しいことをわかってもらうべき」と相手にわからせることに私が使命感を燃やしていた頃、参加していた勉強会で「それを続けて、どうなると思いますか?」と問われ、ハッとしました。私自身がほかにどうしたら良いかわからなくて、同じやりとりばかりしていた……説教しては裏切られ、へこたれずに説教して、相手もへこたれずに嘘をつき……。「裏切者、嘘つき!」「理解力が低い人」「援助することが困難な人」と怒ったり悲しんだりしていました。でも、嘘をつくように追い詰めていたのは私だったのかもしれないと、その問いかけで気づきました。

正しいこと。ときにそれは「私の」関心・価値観・経験であり、「相手の」関心・価値観・経験と一致しているかどうかはわかりません。まだわからないのであれば、そのことについては少なくとも「私」を主語にしてお話するほうがお互いに安全かと思います。「あなたのためだ」ではなく、「私はこれが正しいと思う」と。共感するか、取り入れるかは相手が選ぶことですし、選ぶかどうか迷うこともあるかもしれません。目指すところが同じであって、お互いの体力と気力を理解し合って、はじめて歩調や呼吸を合わせて協力しあえるのではないかということを、思い通りにいかなかった経験から随分と時間をかけて、今も変わらず学ばせてもらっているんだなと思っています。

コラム

支配しない、支配されないために

援助している当事者が不適切な行動をすると「嘘つき！　もうしませんとあんなに約束したのに」「なんで相談してくれなかったの」と、悪いことを二度と繰り返してほしくないという思いが強いほど、声高に感情的に責めてしまう援助者がいたりします。

でもどうでしょうか？　納得していなくても約束せざるをえない雰囲気、正直に言えばまず否定されそうだったり、援助者にとって望ましい言葉しか受け入れてもらえそうにない、本音を言えば考え直すように説得が長引き、「見守りを強化しましょう」などと監視されるだけ、というような関係になってはいないでしょうか。よくある場面です。これからも同じように続けることで望ましい方向に進むでしょうか。本当は、当事者と仲良く協力的に目的地を目指したいのではないでしょうか。

「こんなに一生懸命やっているのに、なんでうまくいかないんだろう。大変なことばかり」というとき、一度、深く深呼吸をして、自分自身が息を詰めていないか、ちゃんと呼吸できているか、心身のコンディションはどうか、ある程度正直に話すことができているか、ある程度ありのままでいて、親密な人と安心でいられるか、協力し貢献しあえているかなどに思いをめぐらせてみませんか。たとえば、障がい、高齢、病気や困窮などのために社会で生きづらいと感じる人や、ストレスを抱えた末に自分や他者を傷つける人もいれば、同様の状況であっても、そのような感じ方や行動をしない人がいます。障がい、高齢、病気や困窮そのものが、生きづらさやトラブルの原因ではなく、社会の中での関係性のあり方によって起こるものなのではないかと思うのです。仕事という場面で援助者としてのペルソナ（仮面）はつけていたとしても、人と人の関係に変わりなく、当事者は犯罪者や患者、弱者として援助される専門職ではありません。

プライベートでいうなら、上司、親、恋人、子どもであっても、それは役割の代名詞であって、本当は個人としての「○○さん」です。「親なのに」「恋人なのに」と相手が自分の思いどおりにならないとしても、それはむしろ当たり前。支配しようとしない、そして、されないためのお話でした。

4 相手の考えや行動は、自分の期待と違っていて当然

任意入院　精神保健及び精神障害者福祉に関する法律に規定されている「措置入院」「医療保護入院」と並ぶ入院形態の一つ。本人の同意による入院。

水野さんは酒害教室や…
飲酒によるトラブル
自助グループにも積極的に参加した
最初こそ苦労しているようであったが
?
?
次第に自身の体験をありのままに語れるようになり
仲間とも打ち解け始めた
ただ…新しい問題も…
上手くやってるからって調子に乗ってんじゃねぇよ!
ちょっと!院内で…
水野さんっ!

自助グループ　共通の課題や同じような経験を持つ人たちやその家族などが自主的に作るグループ。参加者同士の共感的な関わりのなかで、問題解決に向けて参加者各自の経験の分かち合いや情報交換などをしている。

「たまには呑みたい」って冗談言っただけだろうがよ！
その態度が気にくわねぇんだ
カタイこと言ってんじゃねぇ
なんだとこの野郎オ
水野さん！
ポン
先生…
あ…

北さんも水野さんも
それでいいんだよ
北さんはのみたい気持ちを正直に言ったんだね
…はい
水野さんは本当にのまないでおこうと思ってる
2人とも正直な話ができたし今ココで飲んでないからねソレでいいんだ
…あ
アンタの言い分もわかるよ
わ
悪かったよ

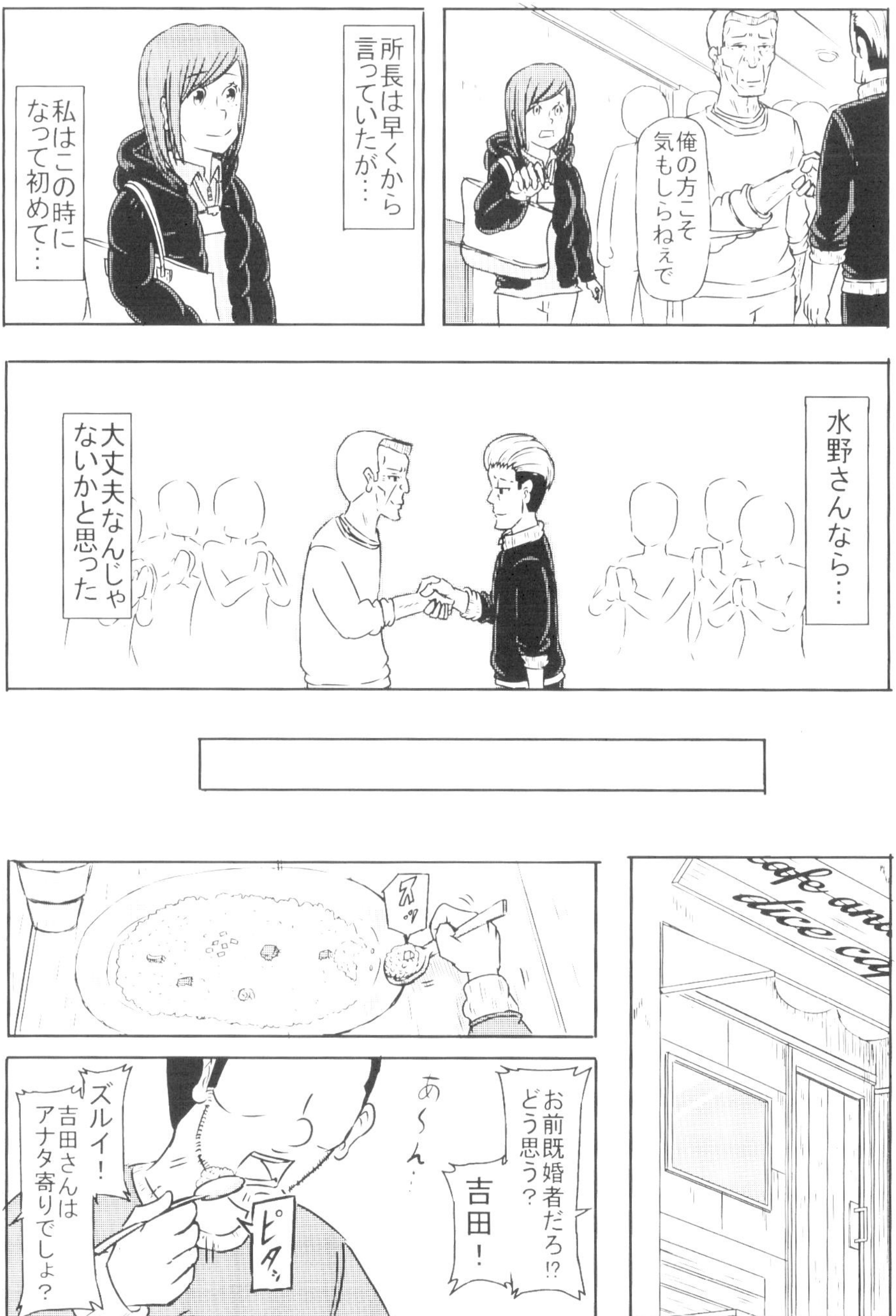

俺の方こそ気もしらねぇで
所長は早くから言っていたが…
私はこの時になって初めて…
水野さんなら…
大丈夫なんじゃないかと思った
お前既婚者だろ⁉ どう思う？
吉田！
あ〜ん…
ピタッ
ズルイ！吉田さんはアナタ寄りでしょ？

今では共通の友人だろ!?
僕の味方ってワケじゃないよ
ずるいよ！
2人で説得しようとしてるでしょ
たかだか親と会うだけだろ？
重く考えずバーベキューして楽しみながらって
挨拶って大事でしょ？
いい店で会席の場を用意した方がいいよっ！
第一、何でバーベキュー？
今、冬だよ？
あ〜ん
や、やるよ冬でも！
ウソだ！聞いたことがないよ！

僕ん家はバーベキュー一家だよな!?
な、なぁ！吉田!!
…知らんよ
お前の家がバーベキュー好きなこと
ラチがあかない！
吉田さん！
どっちが正しいと思う!?
あ～ん…
ハァ…
じゃあ、言うけど
君たち2人は…
なんでそんな話してんの？

なんでって…
お互い家族と仲良くしようって…
あ〜…なるほどな
どう言う事？
一緒なんだよ目標が…
つまり、やり方が違うだけって事…
いがみ合う必要ないんだ
…

あ〜ん…
オイ！吉田!!
ピタ
吉田さん
…
今度は何？
吉田さんスゴイいいこと言う〜！
助かったよ！
今日、おごるわ
そっか〜…おごりかぁ
おごりなぁ…てかその前に…
cafe and bar
dice cafe
もう…いい加減
飯食わせてくれよ…

エピソード4

相手の考えや行動は、自分の期待と違っていて当然

状況を客観視してみる

このエピソードのポイント

水野さんは任意入院し、アルコール依存症の治療をはじめました。そこで、「たまには呑みたい」と口にした北さんという入院患者とトラブルになります。「本当に呑まないでおこう」と固く決心している水野さんは、北さんの態度が気に入らない様子です。場面は変わって、彼氏の家族に初めて会うための場面設定をめぐって、守田さんは彼氏と言い争いになります。バーベキューをしてカジュアルな感じで会おうという彼氏に対して、初めて挨拶するのだからいいお店で会食するのがいいだろうと守田さんは主張します。

水野さんと北さんにはアルコール依存症の治療、守田さんと彼氏にはお互いの家族と仲良くしたいという共通の目的がありながら、問題への向き合い方の姿勢、何を快適だと思うのかの基準などの考え方について、それぞれのあいだには違いがあります。ここでのポイントは、こうした考え方の違いが、お互いを否定し合う結果につながってしまっているということです。目指す方向性が同じであっ

ても、表現や方法の選択の違いによって、共助することが難しくなっているのです。

共同で何かをしようとしている相手に対して、その人はこのように考えるだろう、行動するだろうという一定の期待を私たちはしています。期待は、予測と言ってもいいかもしれません。自分が期待したのとは異なる相手の言動に接したとき、私たちはそれを否定的に捉えがちです。その結果、自分と相手が一緒に何をしようとしているのか、そもそもの目的を忘れてしまうことがあります。

人はそれぞれが違った存在である以上、異なる価値観に根ざした考え方や主張の違いというのは必ず存在します。また、態度、発言するときの語調や言葉の選び方、他者への反応の仕方など、相手の言動が自分の期待するものと違うことがあるのも当然でしょう。共助する支援関係のためには、自分の期待とは異なる相手の言動に接したとき、私たちがそれをどう受け止めて、反応するかを意識しておくことが求められます。

自分にとっての「当然」「普通」を疑ってみる

援助者が、自分自身の価値観や言動の基準としているものを知ることが大切です。なぜなら、こうした価値観や基準は当事者に対する見方や捉え方の尺度になっており、また、どのような言動をその人から期待するかにも影響しているからです。対人援助の教育では自己覚知の大切さが強調されますが、自分が他者へ期待していることを明らかにするという側面からも自己覚知は重要です。

援助者自身の持つ価値観や言動の基準をもとに、当事者の言動に対する期待が決まっていきます。そして、自分のなかにある期待をもとにして、私たちは相手の言動を判断していくのです。これは当事者との関係でも同じです。価値観が多様であるということは、問題への向き合い方の姿勢、何を心地いいとするのかの基準といった考え方もさまざまであるということです。そのため、態度、発言するときの語調や言葉の選び方、反応の仕方など、相手の言動は自分の期待と違っていることを前提とするようにしましょう。

具体的には、自分のなかの「当然、〜であるはず」「普通、〜であるはず」という考え方に気づいて、それを疑ってみます。自分にとっての「当然」「普通」であることは、必ずしも他者にとってもそうだとは限りません。むしろ、自分が「当然」「普通」と考えることは、他者のそれとは違うはずだと思っておいたほうがいいかもしれません。たとえば、守田さんにとっては彼氏の親とは改まった場で会うのが「当然」かもしれませんが、彼氏にとってはカジュアルで構えない場を用意するのが「普通」なのです。**自分のなかで「当然」「普通」という言葉が浮かんできたときこそ、それは自分にとっての「当然」「普通」にすぎないのだと考えてみましょう。**

いったん立ち止まって、冷静になる

自分の期待しているのとは違う言動を相手が示したとき、私たちはそれを否定したくなります。これは反射的ともいえるような反応です。水野さんは一本気な性格らしく、きっちりしていることをよしとする価値観があるようです。その価値観をもとに、禁酒するためには禁欲的であろう、我慢しようとしています。このように考え、行動している水野さんが自分の周囲の人に期待する言動は、同じように我慢して、耐えるというものでしょう。それをお互いに励まし合うということも期待しているかもしれません。そんな水野さんにしてみれば、「たまには呑みたくなるよね」と自分の気持ちを素直に口にすることで欲求に対処しようとする北さんの言動は期待に反するものです。そのため、「その態度が気にくわない」という否定的な反応になったのでしょう。守田さんと彼氏の場合も同様です。交際相手の家族に初めて会うのにふさわしい場面について、守田さんと彼氏のイメージしている内容はお互いの期待に反していました。そこでふたりは互いの意見を否定し合うことになったのです。

共同で何かをしようとしている相手から、自分が期待したのとは違う言動があったときには、いったん立ち止まって、冷静になるための行動をとります。たとえば、次のような方法があります。

❶ 相手にすぐに反論しない。七から一まで数字を逆に数えてから話しはじめる。

❷ 「でも」「だって」といった否定の言葉を避けるようにする。

❸ どちらが「正しい」かを決めようとしない。

これらを実行すると、お互いを否定するのをやめてみることにつながります。特にどちらが「正しい」

かについてを争うのは百害あって一利なしでしょう。何が正しいかは人によって変わってきますし、正しさを振りかざすと暴力や排除につながりかねません。繰り返しになりますが、正しさが人を傷つけることがあるのです。

周囲からのサポートを得て言語化してみる

当事者の言動が自分の期待したものと違っていたとき、援助者のなかに負の感情が生まれることがあります。程度の差こそあれ、感情的な反応は誰にでも起こりますし、感情による影響から自由になれる人はいないので、当事者に対して負の感情を抱くこともごく自然なことだといえます。相手に対する負の感情のことを陰性感情と言いますが、**自分のなかに陰性感情が生じたときには、適切な方法で対処することが大切になります。**陰性感情をまるで存在しないもののように無視したり、あってはいけないものとして抑圧したりすると無理が生じます。自分のなかにある陰性感情を無視し続けていると、それが自分のなかに溜まって、腐りはじめ、先々に大きな問題になっていくことがあるのです。

陰性感情への対処方法のひとつとして、問題を言語化すること、つまり自分の言葉で説明してみることがあります。プライバシーが確保された空間で、信頼できる人に対して、当事者に対する自分の陰性感情をできるだけ客観的に話してみます。陰性感情自体が消えてなくなるわけではありませんが、自分自身の感情を客観視するきっかけになります。これによって、次に当事者と接するときに自分の言動をいったん吟味してみることができる可能性が高まります。

マンガの中では、水野さんと北さんに対してお互いの目的を再確認するように医師が助言したり、守田さんと彼氏に対して本来の目的を再確認してみるように二人の共通の友人である吉田さんが促したりしています。このように、**少し離れた位置にいる人からの客観的なアドバイスが役立つ場合がよくありますので、周囲の人から意見を聞いてみる機会を意識的に作ることも有効でしょう。**また、自分の感情をふり返ってみることは、援助者が燃えつきることを防ぐという意味もありますので、援助者への支援という意味でも大切です。

ワンポイントアドバイス

◇自分が期待したこととは異なる相手の言動に接したとき、私たちはそれを否定的に捉えがちになる。

◇自分のなかで「当然」「普通」という言葉が浮かんできたときこそ、それは自分にとっての「当然」「普通」にすぎないのだと考えてみる。

◇お互いを否定するのをやめてみる。特にどちらが「正しい」かを決めようとしない。

◇自分のなかの陰性感情は無視せず、周囲のサポートを得ながら言語化してみる。

日々修行中、援助の現場から

私からは、感情的になってちょっと揉めてしまった支援会議のことをお話したいと思います。当事者にかかわる多機関他職種が一堂に会し、支援内容などについて話し合うのが支援会議です。多機関他職種というのは、たとえば、家族、医療機関、行政機関、相談・就労・日常生活の援助を担う各事業所の担当者などがそれにあたります。

それは、六〇代後半の男性Cさんの支援会議でのこと。Cさんは六年前からサービス付き高齢者住宅（「サ高住」とよく略されます）に入居していますが、ここ一カ月ほどの間に部屋の中で意識を失うことが数回ありました。随分前から、出される食事が口に合わないといい、お菓子などの間食が多くなって体重の増減が目立っていました。病院で診てもらったところ、意識を失う原因は低血糖だと言われていますが、もう少し詳しく検査なども検討するとのことです。Cさんは「倒れるのは不安だけれど、今の生活をできるだけ変えたくない」と言います。そこで、栄養面、倒れた場合の対応、そのほか工夫できそうなことを話し合うために支援会議が開かれたわけです。ケアマネージャー、保佐人、サ高住・訪問看護・ヘルパー事業所・日中に通っている事業所の担当者などが参加しました。

栄養面では、ケアマネージャーから「外部の配食サービスを利用するのはどうか」「Cさんは希望している」という話があり、サ高住の担当者からは、「配食サービスを利用することで食堂に来なくなると、

Cさんがお部屋でどうしているか、しゅっちゅう見ていることもできない」「何かあったとき、すぐ気づいて救急車とか訪問看護に連絡できるかどうかわからない」「ほかの施設などを考えたほうがいいのではないか」との意見がありました。すると参加者のうちの一～二人から、「Cさんは食事に不満がある以外はここでの暮らしを望んでいるのに、どうして少しも協力しようとしてくれないのか」という声があがり、サ高住の職員さんは、「ウチが悪いみたいに言わないでください。食事だってそれぞれの好みの問題でしょう！」と気色ばみました。

うわぁ、マズい空気……。そのとき、別の参加者から、「それぞれがCさんの幸せや安全のことを真剣に考えてくださり嬉しいです。病院での検査の結果もまだ全部出ていませんし、今日のところはCさんのお話も改めて聴いて、今後も変更ありきで無理なくできることを考えませんか」という発言がありました。

それから、Cさんにも会議に参加してもらうと「当面、配食を試してみる」「自分から食堂や事務所に顔を出すことを心がける」と言ってくれ、また、倒れたらどうしようといつも不安に思うよりも、倒れたときに少しでも安全・安心であるように、部屋に頭をぶつけそうなものや怪我をするようなものがないように工夫することになりました。ベストアンサーは出ていないけれど、全員でCさんを援助することに立ち戻り、Cさんにも協力してもらうことになりました。Cさんにもできることがあったんですよね。そして何よりCさんを蚊帳の外にしてしまうところでした。危ない、危ない。

支援会議も対人交流の場のひとつだと思います。目的が一致していること、正しい情報が共有されていること、無理なく適切な役割をそれぞれが担えることが大事であることは言うまでもありませんが、会議の適温も重要だなと。義務的に参加していたり、できるだけ発言しないように目を伏せたりしている、お地蔵さんタイプの参加者が多いと冷たい会議になってしまいますし、情熱と感情を使って「こうするべき！」と声高に言い合う会議だと火傷しそうで少し恐ろしくなったりします。熱過ぎるストーブには誰も近づきませんよね。皆さんのところではいかがでしょうか？

「協力」という言葉、私もよく使いますが、「私が今ここでできることを〝協力しよう〟はあっても、〝協力させよう〟という文脈はないんだよ」と教わったことがあります。ちなみに、「〝お願い〟はありだけれど、相手が〝NO〟を言うことを絶対に許さないのは〝お願い〟ではなく〝命令〟でしょ」とも教わりました。うーん、耳が痛い……。

コラム

依存症

失う病い

依存症は進行性で不治の病いであり、失う病いです。依存対象物の使用を何よりも優先するようになるため、信用を失い、人間関係、仕事、金銭や財産、心身の健康を失うからです。放置すれば死に至る病いであると言われ、そこまでではなくとも自分の意思ではコントロールできないという障がいに至ります。

治りませんが回復の可能性はあります。そのためには当事者、家族、親密な関係者、専門医療、回復者が協働のもと長期的に治療に取り組むことが必要とされます。気合い、監視や管理、叱責と反省、尻拭いや祈祷などで快方に向かうことはなく、むしろ悪化させることになります。

昨今、メディアでも依存症が取り上げられているのを目にする機会が増えたものの、適切な治療につながらずに逮捕、勾留、受刑などを繰り返している例が依然として少なくありません。

介入のチャンス

逮捕、勾留、受刑の時期は、失敗を活かす介入のチャンスでもあります。依存症は依存対象物の使用により自己治療をし、なんとか辛さなどをごまかしながら生き延びてきた姿ですが、この病いの症状のひとつとして当事者が問題を否認しがちでもあります。そのため、逮捕、勾留や受刑の場面では、まず関係者、たとえば警察官、検察官、弁護士、裁判官、刑務官など矯正施設の職員、保護観察官、保護司等が依存症についての知識を持って、その可能性に気づき、専門家につなげて連携できることが有効です。本来業務ではないのかもしれませんが、繰り返される犯罪を予防でき、新たな被害者を出さない可能性を高められるのであれば、合目的的ではないでしょうか。

他方、地域側においては、専門家や専門機関の数が少ないという問題があります。また専門治療は長く継続される必要がありますが、治療の基盤を整えた後は地域で日常生活を送りながら治療する時間のほうが長く、その中で回復していくことになります。そのため、専門家以外の日常生活場面で関わる人の理解と協力が不可欠ですが、その点も十分ではありません。回復のための方法や機会はあるが、豊富ではないという現実があります。しかし、自助グループに行けば回復した生き証人に必ず出会えます。自助グループがどこにあり、いつ活動しているかなどは役所で尋ねることができますし、インターネットで調べることもできます。

5 他人の問題点は目につきやすい

三月下旬
福祉施設近辺
もうこんな時間に…
…酒田さん…
一体どこへ…
酒田さんが施設からいなくなった
一週間前の出勤直後のことだった
朝食時にはおらず…
夜中に抜け出したようだった
プルルル
無事発見されたんですかっ!?
それで酒田さんは今ドコに…
…え?

国選弁護…貧困などのため、弁護人を選任できない被疑者・被告人に対して、国が弁護人（国選弁護人）を専任する制度。

公園で野宿…
ハァ…
そのうえ…
酔っ払いにからまれて…
警官の方が止めに入ってくれたのに…
パニックになって
言い逃れ出来ない…暴行罪だ…
ガ
ガ
ガ
ガ
ガ
ガ
あ…すみま…
え…
警官の前で手を上げますかね⁉
普通、助けを求めるか任せるでしょ⁉
官

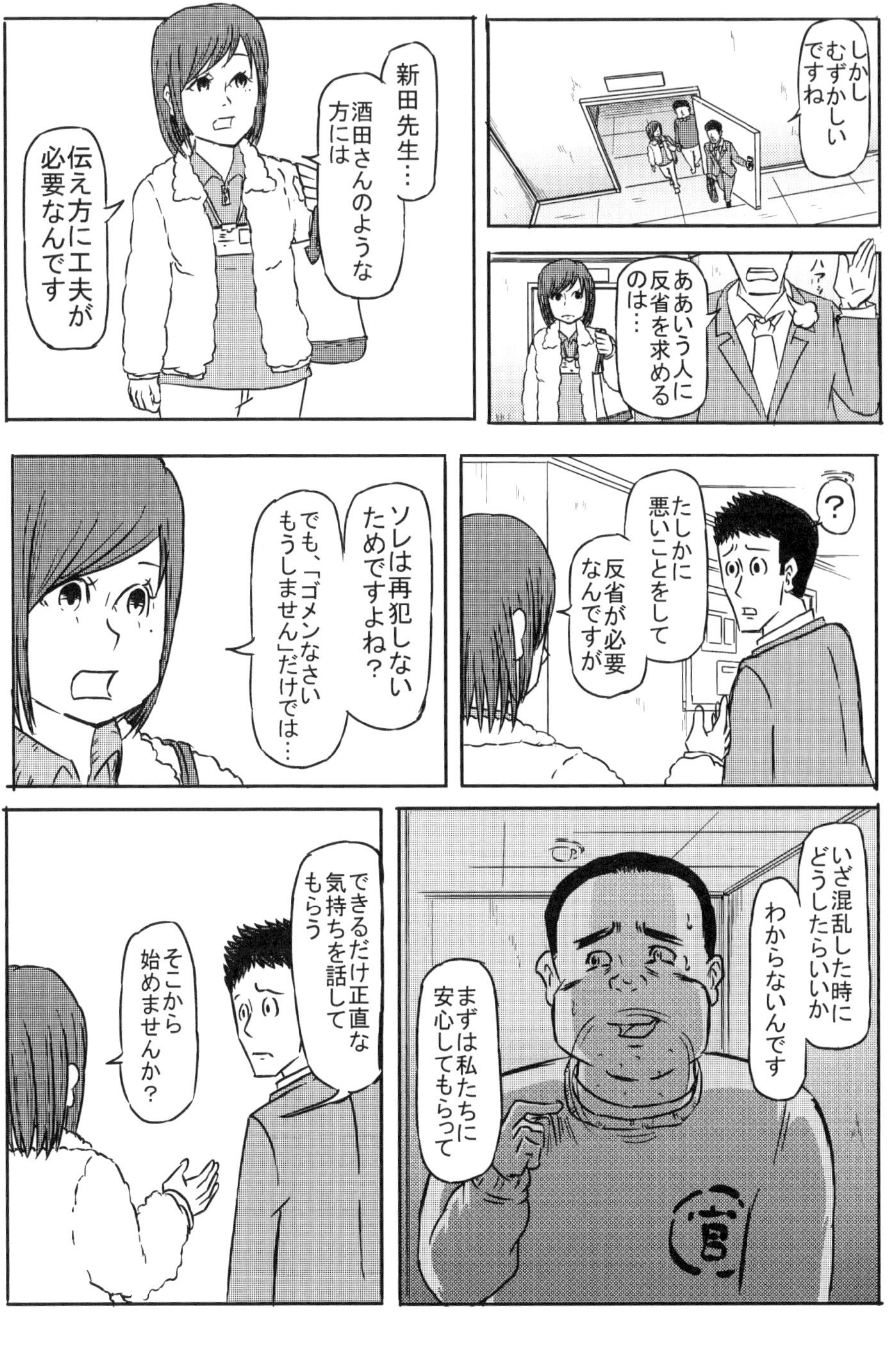
しかし むずかしい ですね
ハァッ
ああいう人に反省を求めるのは…
新田先生…
酒田さんのような方には
伝え方に工夫が必要なんです
?
たしかに悪いことをして
反省が必要なんですが
ソレは再犯しないためですよね？
でも、「ゴメンなさい もうしません」だけでは…
いざ混乱した時にどうしたらいいか
わからないんです
まずは私たちに安心してもらって
できるだけ正直な気持ちを話してもらう
そこから始めませんか？

勾留延長　裁判官・裁判所が決定し、被疑者・被告人の身体を拘束することを「勾留」という。被疑者勾留の期間は、勾留請求日から10日間で、やむをえないときは最大限10日の延長が許される。

その休日…
ちょっと…
落ち着いて…
…どうして…
籍を…入れない？
え…なんで？…
まぁ、最近はさ…
夫婦別姓ってのもあるしさ
イヤ…あくまでさ
どうかなって提案を…
あのさ…

私のこと…どう思ってるの？
軽く見てるんでしょ？
ハアッ!?
籍入れなきゃ何かあっても慰謝料とかないもんね
別にそんなつもりは…
でも！子どもとかできたらど～すんの!?
だいたい！子どもやその周りになんて説明すんの!?
あっ…イヤ…
まずね…
うちの親にも入籍しませんなんて言えないよ
・・・
私はね！ふつうでいいの！ふつうに結婚してふつうに幸せになりたいの!!

コッチの話も
聞けよっ!!
そんなに言わなくてもいいだろ!?
さっきからふつう、ふつうってさ…
…でも
これじゃあ…コッチは…
?
何も言えなくなるだろ!?

えっ!? ちょっ!?
ウソ! 言い過ぎた?
…違うの…
前にね… 同じようなことがあったのに…
まさか… 自分が…
…ごめんね ビックリしちゃって…
話はちゃんと聞くよ

エピソード 5

他人の問題点は目につきやすい

トラブル時こそ非審判的態度を保つ

このエピソードのポイント

施設からいなくなった酒田さんが警察に逮捕され、守田さんは国選弁護人となった弁護士の新田さんとともに支援にあたります。このように福祉関係者と司法関係者が共同して関わる場面では、両者の考え方や対象者理解の仕方の違いに気をつける必要があります。

刑事司法には、犯罪に当たる行為があったかなかったかを判断して、犯罪をしたと認定した場合には行為をした人に対して処罰内容を決定する機能があります。そのため、二分法的な、言い換えれば白黒を断定する考え方をします。これに対して、対人援助では二分法的に断定するよりも、ものごとには白黒をつけられない場合が多いと考え、さまざまな面について考慮しながら総合的に判断する、いうなればグレーな部分に着目することが重視されます。いわば、グレーの濃淡に目を向けるという思考法です。

また、刑事司法では犯罪に当たる行為をした人を非難し、行為の責任に応じて刑罰を科すことで規範的に問題を解決しようとするため、刑事司法関係者は犯罪をした人は規範意識に欠けているという捉え方をしがちです。国選弁護人の新田さんも酒田さんの行為を非難して、初回の接見では指導的なかかわりをしています。一方、実体的な問題解決を図ろうとする福祉は、犯罪をした人は生活上の何らかの困難を抱えているのではないかと考え、犯罪に当たる行為やその前後の状況だけではなく、支援対象者の生活全体に目を向けるという捉え方をします。

福祉関係者と司法関係者の間には、時間軸に関する考え方にも違いがあります。福祉ではこれからどうするかという視点から将来に向けての計画に注目しがちであるのに対して、刑事司法では行為に対する責任という視点から過去の出来事に対する評価に目が向けられやすくなります。

福祉関係者と司法関係者が共同してかかわる場面では、以上のような違いをお互いに認識しながら協力することが求められます。そうでなければ、お互いの思考や行動の意図や理由が理解されずに行き違いやフラストレーションが生じたり、場合によっては相手に不信感を抱いてしまうおそれがあるのです。

非審判的態度を保つ

当事者にかかわる人たちが全員、本人の行為を非難し、責任を追求してしまうのは問題です。なぜなら、そのような状態では、本人が自分の行動をふり返って、何が問題であったかを真摯に考えることが難しくなるからです。人は非難されれば防御しようとしますし、責められれば逃れようとするでしょう。たしかに、犯罪に当たる行為は許容されるべきものではありません。非難に値するというのもそのとおりです。しかし、本人が犯罪行為をやめることを支援するという目的から考えると、非審判的態度を保つことが対人援助職には求められるのです。頭ごなしに決めつけない人がいれば、当事者は自分の行為をふり返りやすくなります。

司法関係者と福祉関係者は役割分担を明確にすべきでしょう。本人の行為が社会的に非難されるものであること、自分の行為には責任を負う必要があるということを司法関係者が説明し、本人が自分の行為をふり返ること、これからどうするかについて考えることを援助する役割を福祉関係者が担います。

この際、注意する点が三つあります。一つ目は当事者を心理的に追い詰めないように気をつけること、二つ目は本人の理解力に応じたコミュニケーション、本人のペースに合わせた意思決定支援を心がけること、三つ目は非審判的態度で臨むといっても犯罪に当たる行為を肯定するというわけではないことです。特に最後の点については、**当事者とのラポールを形成しながらも、相手の行為の問題性については曖昧にしないという態度が求められます。**必要もない場面で本人の行為の問題性を指摘する必要はありませんが、「しょうがなかった」「大したことではない」といった考え方には同調しないことが大切です。

教育的なかかわりを意識する

当事者が自分自身の行動の意味を理解し、行動の変容に至る過程を援助するにはどうすればいいのでしょうか。一方的に本人の行為を非難し、問題点を指摘しても行動変容にはつながりにくいでしょう。その一方で、当事者を受容するだけでも不十分です。対決せず、当事者の言動をいったんは受け止めながらも、**対話を通じて援助者の目指している気づきを促していくこと、これまでとは違った考え方や問題解決の方法を学ぶための教育的かかわりを意識することが必要となります。**

具体的には、行為に至った経過、本人なりの説明を丁寧に聞くことがまずは求められます。本人の自発的な語りを促すには、援助者が非審判的な態度を崩さないようにします。このとき、当事者の語りを聞いていると、都合のいい考え方だと思われるような発言や言いわけのように聞こえる話が出てくることもあります。このような場合にも、頭ごなしに本人を非難したり、問題点を指摘するだけではなく、本人の発言した内容をまとめたり言い換えたりしたうえで、違った見方を示すといった遣り取りをします。そのうえで、どうすれば社会のルールに沿いながら自分なりに生きていくことができるかを一緒に考えていきます。

当事者はふり返りにあたって何らかの援助を必要としています。具体的には、行為に至るまでの経緯をはっきりさせたり、都合のいい考え方をふり返ってみたりするための意図的な問いかけ、当事者が考えたことの記録や整理、ふり返りを通じて出てきたポイントの明確化や分析、他者の視点からのフィードバックの提供などが援助者の役割となります。特に本人の認知能力や理解力、記憶力などに制約がある場合には、こうした働きかけの重要性が増します。ただし、これは援助者から一方的に教え込むというものではありません。**共助する関係では、あくまでも当事者が自分で気づいたという感覚を持てるように援助することを大切にします。**

「反省」の取扱い方に気をつける

反省して二度と同じことを繰り返さないという姿勢を求めるというのは、学校をはじめとして、社会に広く行き渡っている考え方です。刑事司法でも、自分の非を認めて反省することが良しとされます。つまり、刑事司法手続の対象となると、警察官、検察官、裁判官や裁判員に対して反省している姿勢をみせることが処分を軽くすることにつながるともいえるのです。これは、反省している(ように振る舞う)ことが重要視されるということでもあります。新田さんは「ああいう人に反省を求めるのはむずかしい」と言いますが、この言葉の裏には、同じことを繰り返さないためには反省しなければならないという考えがあることを示しています。

しかし、**自分の行為をふり返って、内省を伴ったほんとうの意味での反省に至るというのは決して簡単にできることではありません。**『反省させると犯罪者になります』(岡本茂樹著、新潮社、二〇一六年)という書籍のタイトルにもある通り、表面的な反省を求めるだけでは、本人の行動の変容にはつながりません。そのようなやり方は、反省するポーズをとることばかりが上手くなっていくという負の効果を生じさせることさえあるでしょう。

いきなり反省を求めるのではなく、まずは本人の言い分に耳を傾け、本人なりの事情を援助者が理解しようとすることが重要です。そのうえで、これまでの問題解決の仕方とは違うかたちで自分の直面する状況に対処するにはどうすればいいのか、を一緒に考えます。ここで重要なのは、一緒に考えるという姿勢を示すこと、そして、当事者が必要とする時間をかけて待つことです。結婚のことで彼氏に次々と畳み掛けるように質問していた守田さんの姿を思い出してみましょう。こうしたかかわりにならないように気をつけながら、他者からケアされる、気にかけられるという経験を当事者ができるように意図します。他者からケアや配慮を受けることで、当事者が他者の存在を意識して、自分の行為が他者に及ぼした影響を考えられるようになるのです。その意味では、**他者が本人を無理矢理に反省をさせることはできない**といえます。

ワンポイントアドバイス

◇当事者が再犯に至ったときには、本人を非難したり責任を問うたりする人と、非審判的態度を保って本人と一緒に考える人という役割分担を意識しながらかかわる。

◇援助関係を通じて当事者に新たな気づきを促したり、これまでとは違った考え方や問題解決の方法を学ぶための教育的かかわりが援助者には求められる。

◇いきなり反省を求めると反省するポーズをとることばかりがうまくなっていく危険性があるので、まずは本人の話に耳を傾け、本人なりの事情を援助者が理解しようとする。

日々修行中、援助の現場から

今回は「入口支援」。つまり、被疑者・被告人のうち、高齢あるいは障がいなどがあって福祉制度の利用を希望する人に対する援助についてお話してみたいと思います。ただし、お話する内容は、ある自治体における取組みの一例であり、そこで実働している福祉職の経験の範囲として読んでください。

マンガで登場する酒田さん、水野さんに対しては、エピソード1のように「出口支援」、つまり刑務所から出所する前から地域生活定着支援センターが地域での生活の準備などへの協力をしていました。しかしながら、酒田さんは入所した施設を無断で抜け出し、心ならずも暴行事件の被疑者として検挙されてしまいました。

まず思うのは、酒田さんが刑務所を出所してまだ日が浅いことから、刑の執行が終ってすぐに再犯に至ったとして司法からの判断が厳しくなるひとつの要因になるだろうということです。それから、前回と同じ種類の犯罪行為を今回も繰り返していないかも同様だと考えられます。また、酒田さんが自分のやったことを「はい、そのとおり私がやったことに間違いありません」と認めているかどうかも重要です。

酒田さんのように、知的障がいがあり、元々気が小さく言葉にして伝えるのが得意でないような人の場合は特に、なんでも「はい」と答えてしまうことがあるかもしれません。ただ、これは相手が警察官に限ったことではなく、親と子、教師と生徒、夫婦や恋人どうし、上司と部下、先輩と後輩といった関係などにも当てはまることです。エピソード1で、守田さんと酒田さんの面接の様子を思い出してみてください。酒田さんは充分に自分の思いなどを言葉にできていたでしょうか。また、酒田さんのように過去に逮捕歴や受刑歴がある人の中には、なんでもないときに警察官に出会った場合であっても私たちの想像を超えてパニック様になることがあるようです。

話を戻します。一般的には逮捕され警察署に勾留されると、警察官から家族などに連絡され、当番弁護士が無料で一回だけ本人に会いに来ます。その後、弁護士費用が支払えるのであれば私選、なければ国選弁護人がつくことになります。弁護人は、本人の希望や意思などを聴き取り、今後支えてくれそうな人や機関などに連絡し、事情などを説明のうえ協力を依頼します。同時に、被害者への謝罪と被害弁償に動きます。

私から見て、弁護人の動きは超高速スピードで、昼夜を問わず動いているイメージです。「入口支援」の特徴のひとつは、援助を検討したり準備に動くことができる時間に明確な制限があり、それが非常に短い場合が多いという点です。

どうして短いのか？　刑事司法手続のスケジュールに合わせる必要があるからです。節目がいくつかあって、まず逮捕されて勾留請求までの三日間。さらに捜査することになると一〇日間の勾留。さらに延長されると最長でもう一〇日間の勾留。ここで、公判請求されなければ釈放されるわけです。起訴されれば裁判になります。

社会内で適切な監督者、監督体制があるかどうかも、被害者への弁済や本人の反省などとともに、検察官の判断材料の中に含まれます。ですから、「本人が出てきてから、どうするか考えます」ではダメで、勾留満期、あるいは裁判が結審する数日前には具体的に準備が整っていること、本人もそれを同意していることを弁護人から検察官・裁判所に伝える必要がある、ということになります。私の経験上、最初に相談を受けてから一番短くて二日、長くて一〇日間前後というところです。起訴されて裁判が開かれることになると、時間はもう少し延びます。事案によりますが二カ月から数カ月の間に一回もしくは数回の公判を経て判決が言い渡されることになります。

「入口支援」は、実は随分以前から、福祉職に限らず、生活面の援助にかかわる有志の個人や機関が、機会があるごとに協働してきた歴史があります。このお話をしている二〇二〇年の現状では、法務省のモデル事業としていくつかの自治体などでおこなわれています。「再犯防止」が共通した目的とされていますが、実施内容は自治体ごとに少しずつ違い個性的です。多くは、弁護士から、次いで検察官からの協力依頼で福祉職などがかかわるという流れが多いようです。

「入口支援」にかかわってみると、警察官も検察官も弁護士も立場は違えど、同じように再犯しないことを望んで時間に追われながら細々とした仕事をこなしているんだなぁ、とつくづく感じます。ただし、立場上、検察官は処分や判決を「重く」、弁護士は「軽く」するように働きかけるというように方向性は相反しています。

また、司法特有の普段聴き慣れない言葉が多いんですよね。他方、弁護人からは「福祉用語はわからなくて……」とよく言われます。シューポツ、キューゴ、サコウジュウ、キカン、ムテイ、シュービー、ツーカイ……。「何語？」って感じですよね。お互いできるだけわかりやすく伝えあう配慮や関心を持ちあうことは大事です。それは、たとえば障がい特性の理解や配慮、言葉や気持ちの翻訳をしようとすることにも通じるようにも思うのですが、いかがでしょうか。

　さて、マンガでは新田弁護士がつい酒田さんにガミガミ言ってしまう場面が描かれています。弁護人は本人の味方ですから、信頼関係を大事にして少しでも本人のためになるよう弁護活動をしますが、状況や必要に応じてガミガミとまで言わなくても、反省を促したり説得することはままあるように感じています。それがより活きることを願い、私たちは障がいとともに生き抜いてきた人と接する機会が多いからこそ、失敗をたくさん経験しているからこそ、せっかく法曹界と協働できるチャンスだからこそ、知っていること、考えられること、できることを伝えようと思っています。それぞれの専門性から学び合い、尊重し合えたら嬉しいと思います。

コラム

身体を拘束された状態での面会の実際

警察署の留置施設や拘置所に勾留された人との面会は、接見が禁止されていない限り、可能です。ただし、さまざまな制約があります。面会したいと思ったら、まず勾留されている警察署に電話で申し込むことを勧めます。その日の面会人数がすでに上限に達している場合や、面会室の空き状況、検事調べで当事者がいないタイミングなどがあるからです。警察署によっては、その日は無理でも予約ができる場合もあります。拘置所の場合は面会時間内に手続を行い、順番を待つというのが一般的です。手紙や差入れも可能ですが、同様に問い合わせて具体的な手順や制限などを確認するほうがよいでしょう。取扱いは各所により多少の違いがあるからです。

面会前には身分証明書の提示を求められるほか、携帯電話や録音機能があるもの、タバコやライターは備えつけのロッカーなどに預けることになります。念のため印鑑も持参しておくとよいでしょう。

面会できる時間は一五～二〇分程度。面会時の環境は、アクリル板越しの会話であり、当事者側に職員が立合います。一度に面会できる人数は、おおむね三人までとされることが多いようです。担当弁護人から警察署や拘置所に申し入れる「特別面会」であれば、担当弁護人が同席のうえ一時間前後の面会ができます。人数の増減について相談できる場合もあるので、事情や理由などを担当弁護人に伝えて申入れをしてもらうとよいでしょう。また、担当弁護人は時間や回数の制限なく接見が可能なので、伝言や確認などを依頼することもできます。一般面会・特別面会のいずれの場合も待ち時間が発生することもあるので時間には余裕を持って臨みましょう。

面会では、当事者からの話を聴くとともに、こちらから話す内容はあらかじめ整理しておき意図的な面談ができるように準備することを勧めます。面会で話す内容については、事件に関することは話してはいけないという制限があります。

障がいなどの特性によっては、面会ではほとんど発言がなく、意思の確認などが困難であった当事者も、できるだけわかりやすく関心に合う形で書いた手紙(書面)を送り、自分のペースで読んでもらった結果、本人の理解が深まり、具体的な自分の思いなどを返事に書いてくれたという例もありました。

6 自分で決める、という経験の意味

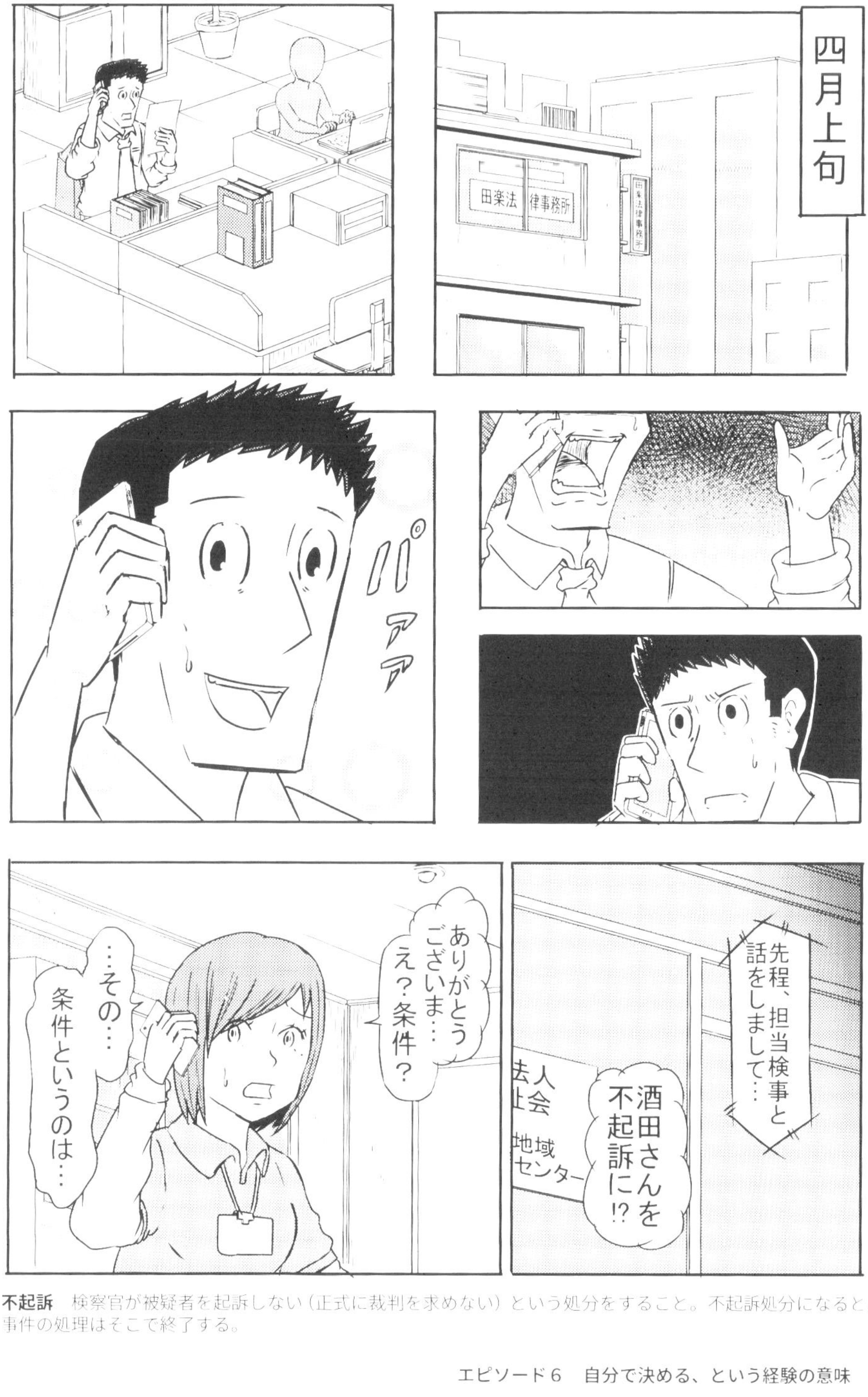
四月上旬
田楽法律事務所
田楽法律事務所
パァァ
先程、担当検事と話をしまして…
酒田さんを不起訴に⁉
法人
社会
地域
センター
ありがとうございま…え？条件？
…その…条件というのは…

不起訴　検察官が被疑者を起訴しない（正式に裁判を求めない）という処分をすること。不起訴処分になると、事件の処理はそこで終了する。

福祉的支援を…
受ける…?
すいません
わからないです…
たとえば…
施設に戻るのはどうですか?
えっ!?
あ、あの…その…
酒田さん
ビク
酒田さんの正直な気持ちを
聞かせてください

…あ
う…
宮
…すみません
あんまり…イヤ…
…かな
すみません
宮
ありのままに答えてくださってありがとうございます
そうですよね
今から少しだけ…
○か×かだけじゃなく
コレにご協力いただけますか？
見える化ツール
クモの巣
人間関係
仕事
健康
趣味
お金
住まい

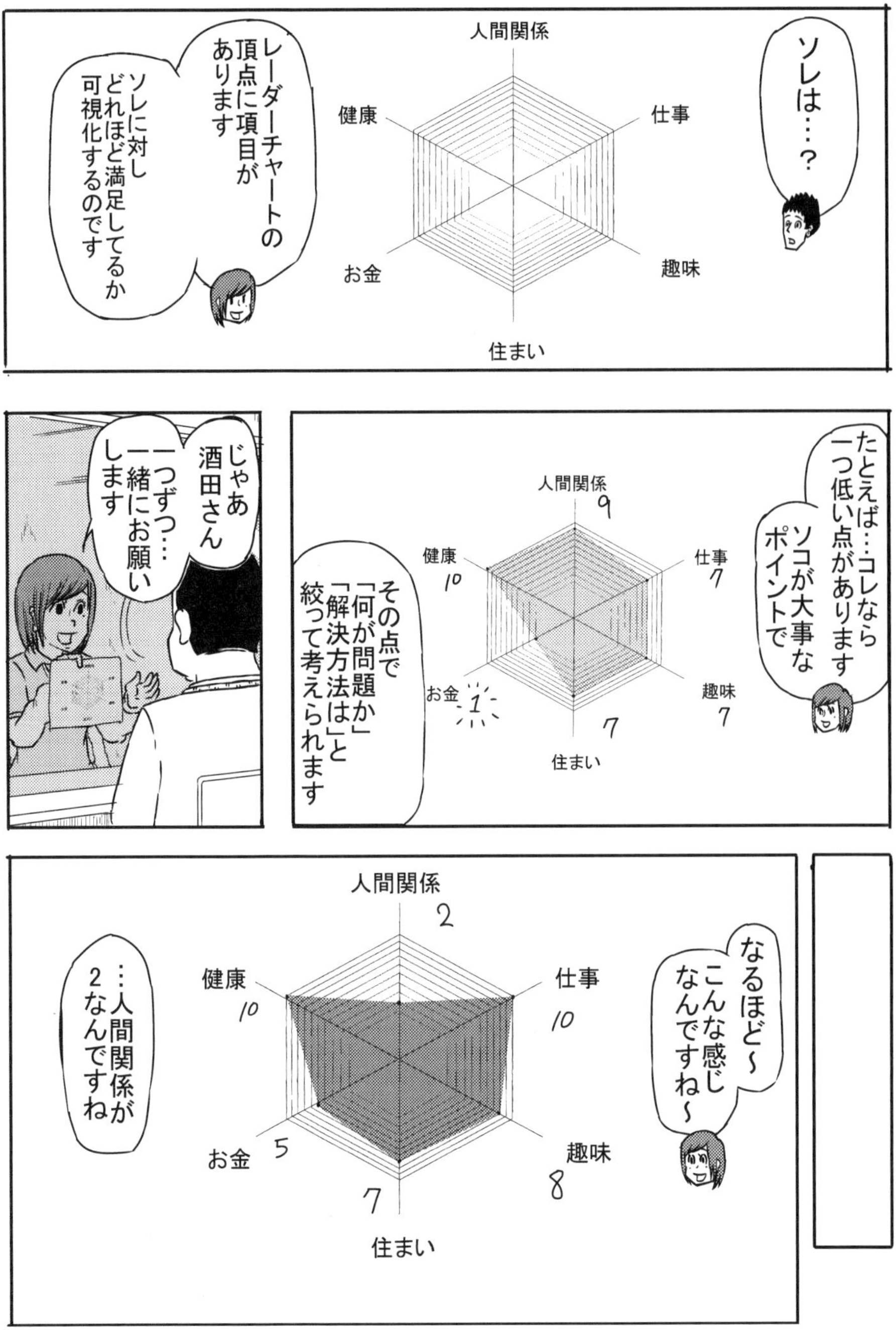
ソレは…？
人間関係
仕事
趣味
住まい
お金
健康
レーダーチャートの頂点に項目があります
ソレに対しどれほど満足してるか可視化するのです
たとえば…コレなら一つ低い点があります
ソコが大事なポイントで
人間関係 9
仕事 7
趣味 7
住まい 7
お金 1
健康 10
その点で「何が問題か」「解決方法は」と絞って考えられます
じゃあ酒田さん一つずつ…一緒にお願いします
なるほど～こんな感じなんですね～
人間関係 2
仕事 10
趣味 8
住まい 7
お金 5
健康 10
…人間関係が2なんですね

す、すみません
あの…
人と話すことが…その
に、苦手で…
なるほど…
でも…0点じゃない
(=酒田さん)
人間関係 2
仕事 10
趣味 8
この2はどうして？
家田さんは優しくて…面白くて…
松永さんは車イスを…
押してあげて…
頼りに…してくれて
うっうっ…
お仲間が2人いて
酒田さんは役に立っていた…
えっ!?

よかったことが
2つも3つもあって
安心しました
私たちに
手伝えることは
ありますか？
酒田さんは…
どうしたいん
ですか？
…あ
キュ
ア゛
ワ゛
ワ゛
ア゛
あ、あの…
ぼ、ボク…
僕は…
ギュウウウ
官
パッ
官

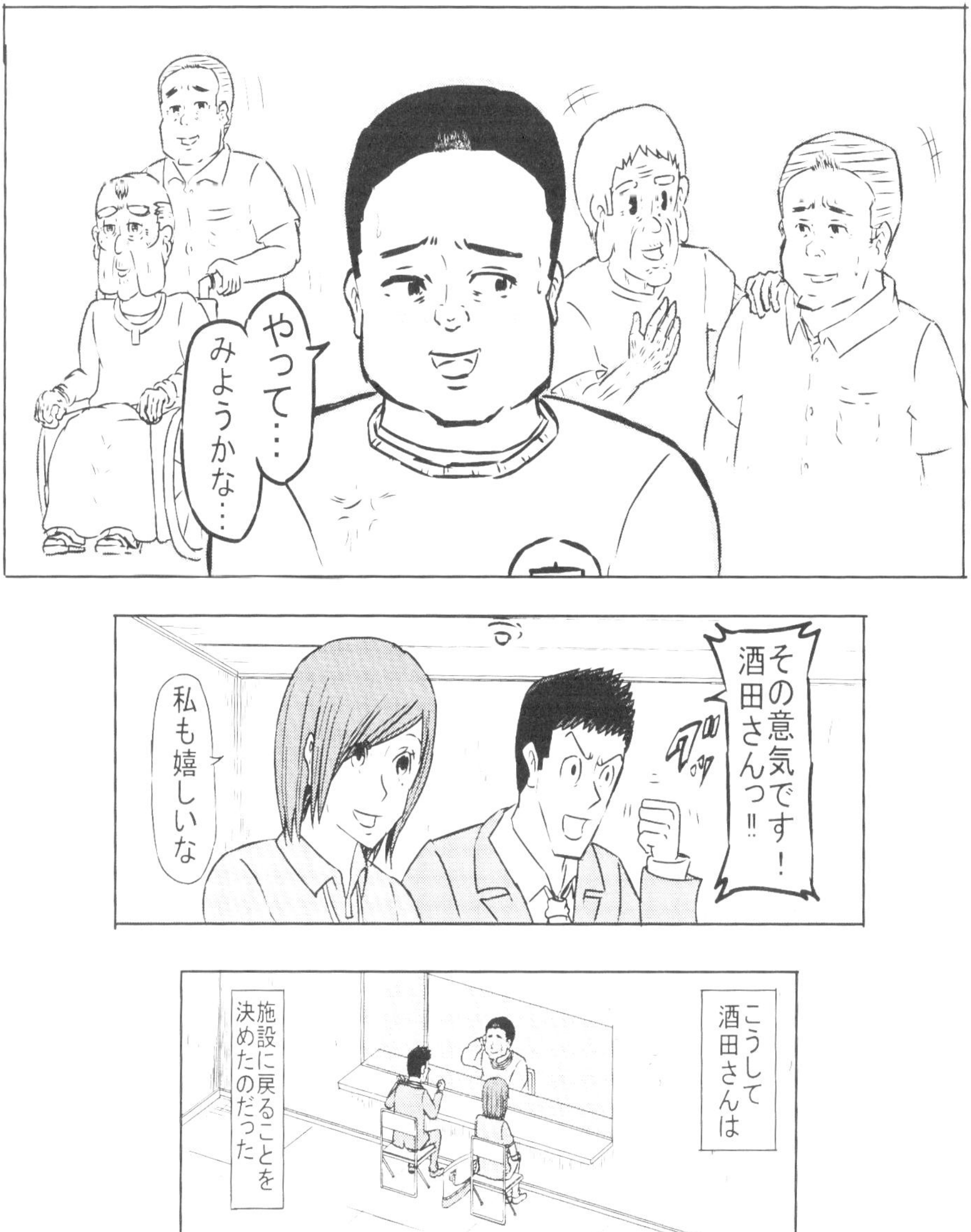
やって…
みようかな…
その意気です！
酒田さんっ!!
私も嬉しいな
こうして
酒田さんは
施設に戻ることを
決めたのだった

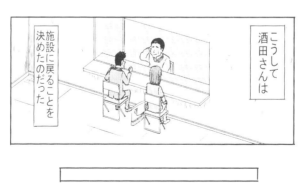

その休日…
香宅
ええっ!? 結婚!?
香宅
飲み放題
それはオメデ…
…
お手洗い
たいんだよね？
実は…
そう！ いろいろあって…
式の会場は？ 費用のことも…
新婚旅行に 新しい家も…
衣装忘れてた！ どうしよう…

あ〜…
ウチもあったわ
そんな時期…
パニックだよ…
吉田さんみたいに素敵な式あげるにはどうすればいいの？
う〜ん
そう言えば…
思い出した
オレたちもさ…
考えすぎて決められなかったんだけど…
できたっ！
ねえっ！ちょっと来て
?
コレやろう！

結婚生活のリスト？
でもやりたい事ならこんな紙一枚よりもさ
ネットとか見ながら…
違うよそこに書くのは…
やりたいことじゃなくて私たちできること
ソレを2人で話し合ってリストにするの
言葉だけより見やすくて分かりやすいし
ハハッ・・・
2人でやるなら私もひとりで不安にならずにすむし…

正直さ…この話から
逃げてたんだ
言ってることがコロコロ変わるし
やりたいことも増えてくるしさ
アップアップだったんだよ
…でもコレならさ
やれそうだね
二人で考えるし

エピソード 6

自分で決める、という経験の意味

自己決定を支援して、尊重する

このエピソードのポイント

酒田さんが福祉的支援を再び受ければ不起訴処分となる、という見込みが出てきました。守田さんと新田さんはいったん福祉施設に戻るという提案をしますが、酒田さんは拒否感が強い様子です。そこで「クモの巣」というレーダーチャートを使ってみようと守田さんは提案します。項目ごとの満足度を一〇点満点で記入することで、どこに問題があるのかを絞り込んでいこうとするツールです。これによって問題が細分化・明確化されるので、対応策をより具体的に考えることができるようになります。今回はそれまでの生活に対する満足度について知るための項目を選びました。その結果、酒田さんの場合は人間関係を苦手としていることがはっきりしました。ただし、それだけではなく、ポジティブな関係を持てる人もいること、他者から頼りにされたときもあると気づくきっかけにもなっています。

支援にあたって当事者の意思を丁寧に確認し、尊重することは対人援助の基本です。当事者がみずから考えて決定していく過程を大切にすることが、援助者には求められます。ただし、当事者のなかには、自分で決めることをとても苦手にしている人がいます。たとえば、先々に対する見通しが持ちづらいこと、複数の要素を比較検討することが難しいこと、いったん決めてもそれが短時間で変化していくこと、他者からの意見に大きく影響されること、自分で決めた経験がないか極端に少ないことなど、その背景にはさまざまな理由があります。

そもそも、何かを決めるにあたって他者に相談するというのは、多くの人が一般的にやっていることです。その意味では、当事者も同じように相談相手を必要としているのです。ただし、情報を収集、分析したり、比較検討してどのように対応するかを決めるのが特に苦手な人に対しては、ただ単に相談にのる、話を聞くというだけにとどまらず、本人が意思決定をしていく過程を積極的に支援することが求められます。先述のような自己決定を困難にしている要因に留意しながら、当事者が本人なりに状況に対処していけるように意思決定する過程を援助する必要があるのです。

考える過程を可視化して、共有する

当事者による意思決定を実質的に支援するためには、本人が考える過程を可視化することが有効です。

なぜなら、見える形にすれば、当事者の思考している内容を援助者と共有して、一緒に考えることが可能になるからです。こうしなければ、問題を同じ俎上に載せて考えることが難しいままになってしまいます。

その際、単に口頭で話すよりも、話題に関する内容を文字や絵にして書き留めていくと、考えをまとめやすくなります。口頭で伝えられた情報は話された瞬間に消えていきますが、書き留められた情報はあとから見返すことができます。そのため、短期記憶の保持が難しい人にとっては、書き留められた情報は考える手がかりを増やすことにつながります。私たちはコミュニケーションの多くを口頭のみで行う傾向がありますので、当事者と話すときはささいなことでも書き留めるという習慣をぜひ身につけましょう。

このエピソードのなかで守田さんが使っていた「クモの巣」というレーダーチャートのような可視化のためのツールを使うと、漠然としている問題を明確にしたり、それまで本人が目を向けていなかった面に気づいたりできるという利点があります。ほかにもいくつかのツールを本書のコラム「ツールの紹介」［→一五七頁］に紹介しています。参照してみてください。

このように考える過程を可視化、共有することで、これから何をしていけばいいかという具体的な行動を当事者と援助者の間ではっきりさせられます。このような状況を作り出すことで、動機づけを高め、当事者と援助者が積極的に共助していけるようになります。守田さんと彼氏は結婚式に向けて自分たちにできることをリストにすることで、二人で一緒に準備を進めていくように再確認し、お互いが協力することを改めて意識していますが、このような効果が見込めるのです。

考える過程を可視化し、共有するにあたっては、当事者が自分で考えるために必要としている時間を

余裕をもって保障するように意識しましょう。時間の流れの感じ方は人それぞれです。また、面談の場面で当事者が何も話さず、沈黙が続くと、援助者が不安になったり、あせりを感じたりして、待つことができずについつい話しはじめてしまう、結論を促してしまうことがあります。特に今回の酒田さんのように勾留されているような状況では、一定の期間内に方針を決めなければならず、結論を早く出さねばというプレッシャーを援助者が感じがちです。しかし、そういった場面でこそ、本人が考える時間を十分に保障するように意識して、急かさない、待つ姿勢を保つようにします。そのためには、今回の守田さんと新田さんのように複数名の援助者で一緒に面接をする、面接前に待つことの重要性をお互いに再確認しておくといった対処法が有効でしょう。

パターナリズムを自覚しながらかかわる

パターナリズムとは、本人の意思にかかわらず、本人の利益のために(といって)、本人に代わって意思決定することであり、父権主義や温情主義などと訳されます。意思決定を代行する人が本人よりも強い立場にあって、本人の意思が無視されてものごとが決められることが特に問題であるとされ、対人援助の領域では一般的にパターナリズムは好ましくないといわれます。障がい福祉の領域では、周囲の人びとが過剰に保護的になったり、障がいのある人の能力を過小評価したりして、本人の意思や希望が無視されてその人に関することが決められてきたという歴史があり、それに対する反省からパターナリズムを忌避する感覚が強いように思われます。

本人が希望することをうまく表現できない、あるいは他者に希望を伝えるのにためらいがあるといった状況では、当事者の思考する内容を可視化し、援助者と一緒に考えようとするアプローチが有効です。しかし、自分でもどうしたいのかがよくわからず混乱している、あるいは希望が次々に変わっていくといった理由から、可視化や援助者との共同での検討がうまくいかない場合もあります。そのようなときには、当事者の決定する過程を支援するのにとどまらず、決定に向けて援助者が一定の誘導をするという状況になるかもしれません。いわば、パターナリズムな色彩の濃いかかわりです。

みずからのかかわりがパターナリズムとならざるをえない場面に援助者が直面したときには、そのことを自覚しながら、より適切なかかわりのあり方について考え続ける必要があります。具体的には、どのようにすれば本人の意思を尊重する可能性を少しでも高めることができるか、という視点からみずからのかかわり方を常に点検して、工夫してみるということです。たとえば、一人の援助者が独断せずにグループで合議すること、意思決定の経過と結果を記録しておくこと、状況が変わったら本人の意見を改めて聞いて見直す機会を設けることなどの工夫ができます。特に身体を拘束されているときに決めた内容については、さまざまなプレッシャーがかかったり、何らかの要因が作用して自由に発言できていなかった可能性があるかもしれないので、拘束を解かれた後に本人の意思を再度確認することが特に大切です。

責任の取扱い方には要注意

現代社会では自己責任という言葉がひんぱんに使われています。自分のことは自分で決めて行動し、それによって生じた結果に対しては自分が責任を負う、といったような文脈で語られます。みずからの行動に責任を持つ、というのは当然であるとされ、学校などではそうするべきだと教えられます。パッと聞けばもっともなように思えるかもしれませんが、このような自己責任論を推し進めていくと「決めたあなただけが責任を負うべき」「あなた以外の人は責任を負う筋合いはない」というような考え方に行き着くおそれがあります。**自己責任論は、他者を突き放す極端な個人主義、利己主義につながっていく危険性をはらんでいるのです。**

自己責任が強調される現代社会の風潮による影響は、当事者が決定するのを援助する過程にも及びます。決めたことへの責任を当事者に対して強調し過ぎるのは、本人の不安感を高めるように作用しかねないので避けたほうがいいでしょう。また、「最終的に決めるのはあなた」「あなた次第だから」といったような表現を使うのもおすすめできません。こういった言い方は、ほんとうの意味ではあなたに関心をもっていない、あるいは結果について援助者は知らないと本人を突き放しているかのように伝わる可能性があるからです。

責任について過度に強調するよりは、「あなたとともにいて、考えていく、対処していく」と当事者に折に触れて伝えていくほうが大切です。決めたことによって不都合が生じたり、ものごとが決めたとおりに進まずに問題が起こったりしたら、そのときには一緒に考えていこう、ともに向き合っていこうというメッセージをわかりやすく送ります。自分以外の人は頼れないと当事者に思わせてしまうのは、他者との助け合いという共助の考え方に反するものであり、本人の孤立感を深めることにつながります。

ワンポイントアドバイス

◇意思決定に関する内容を文字や絵にして書き留めていくと、これからの具体的な行動を当事者と援助者の間ではっきりさせられる。
◇当事者が自分で考えるために必要としている時間を、余裕をもって保障する。
◇みずからのかかわりがパターナリズムとならざるをえない場面に直面したら、そのことを自覚しながら、より適切なかかわりのあり方について考え続ける。
◇責任について過度に強調するより、「あなたとともにいて、考えていく、対処していく」と当事者に折に触れて伝えていく。

日々修行中、援助の現場から

「クモの巣」は、Dさんと面談しているときに思いついて、手書きで試したのが最初でした。

Dさんは四〇代、軽度の知的障がいがあり発達障がいの傾向もあるといわれている男性です。長い間お母さんと二人暮らしで、障がいは認定されず、厳しく育てられたそうです。お母さんが亡くなってほかに身寄りがなかったDさんは一人暮らしになり、体調を崩して働けなくなったことがきっかけで生活保護を受給することになりました。そのような生活は、生きてはいけるけれど、とても孤独でした。昼間することもなかったDさんはすっかり昼夜逆転生活になり、寂しさをまぎらわせるため夜中に出歩いて、イライラ、もやもやした気持ちになると、ゴミや車などに火をつけ、高揚感や達成感などを感じて繰り返すようになり、ついに刑務所に入ることになりました。

Dさんは、刑務所の中で知的障がいを指摘され、障害者手帳を取得しました。二〇一〇年頃のことです。Dさんのように地域で暮らしているときに障がいがあることがわからないまま経済的な困窮に至り、生活保護だけは受給していた、という人も少なくありません。そういう人に出会うたびに、障がいや疾病に対する周囲の気づきや情報提供ができるだけ早い段階であればと思います。また、障がいや疾病に対する社会の理解が促進され、ネガティブなイメージなどが払拭されることを願ってやみません。

Dさんが出所した後、月一回一時間程度の面談をおこなうことになったときに、面談する目的と場所、曜日や時間帯、おおむねの内容、秘密の取扱い、また変更や中止、中断がお互い可能であることなどを一緒に話し合いました。

私の経験では、話し合って合意形成すること、時間などに見通しが持てることはお互いの安心感や安全につながるように思っています。また、なるべく約束した場所にお互い出向いて約束した時間に会うようにできればと心がけています。お互いに交わした約束を守る、どちらのテリトリーでもない場所で話すというそれだけで、信頼と平等な協働の体験に成りえるように感じています。

Dさんとは、一時間の面談のうち前半はこの一カ月のことや今日話したいこと、今気になっていることなどを聴き、わかちあうことになりました。すると、話題は一つか二つくらいに集中し、不満や不安、怒りの感情を伴うエピソードが多く、同じ話題が反復されることに気づきました。それはそれでとても大切なお話ですが、少し視野を広げられたらと質問などをしていくと、問題ない、あるいはうまくいっていることがほかにいくつもあることがわかりましたが、また最初の話題に戻っていきます。話しながら、私とDさんのあいだに置いた紙に「今聴いた話ってこういうこと？」と図にしてみたのが最初でした。Dさんがこの図（クモの巣）を気に入ってくれたので、面談の後半に毎回使って生活全体を振り返ることになりました。回数を重ねていくとDさん自身で記入し、点を線で結び、具体的な状況や感想など話したことを記入してくれるようになりました。

Dさんの場合は、お話をたくさんしてくれて、より良い生活をしたいという思いも強く、意思決定もできる人です。ただ、できていない点に目が向きやすく、自分にも他人に対しても厳しい思考の持ち主でした。そこで、生活のいろいろな場面、仕事や収入だけでなく、住まいや余暇、人間関係、健康面などそれぞれを「見える化」して、今のありのままのDさんができていることに気づき、どういう状況や考え、感情、行動の結果それが得られているのか維持できているのかなどをわかちあいました。

マンガに登場する酒田さんはまた違ったタイプの人ですね。状況も勾留中という違いがあります。勾留中ってそれだけで相当なプレッシャーがかかっている状況だと思います。ここで酒田さんが安易に「施設に戻ります」と言わずに迷っているのは、とても正直でタフな姿だと感じますし、そのほうが後々のトラブルが起こりにくいように経験上思います。

援助者にとっても、時間や機会が限られるなかで、望ましいと思う回答などが明確であればあるほど焦ってしまう状況です。こういう場面では言い回しなどに配慮していても説得をしてしまいがちで、私も何度も経験しては失敗してきました。

「ピンチはチャンス」という言葉があります。逮捕されることはなんらかの被害を受けた人がいる可能性があるということですから、避けなければならない事態ですが、もしかすると、お互いに迷い、表現し、気づき、選択するチャンスがいよいよ到来したのかもしれません。もちろん、酒田さんが援助者の望まない選択をすることもあるかもしれません。もしそれが自身や他者を傷つけるであろう選択であれば、それは福祉の範疇を超えており、ガイドを降りる検討も慎重にしなければなりません。そういったことも視野に入れつつ、酒田さんと「気づきの旅」に出かけてみる提案をしてみます。これがたとえば「クモの巣」を一緒にやってみることだったりします。

そんなことを思いながら、またマンガを読んでいただけたらと思います。

コラム

ツールの紹介

マンガや解説で取り上げられている「見える化ツール」について具体的に紹介し、提案したい使い方や留意点についてお話ししたいと思います。とはいえ、ツールは私自身が面談するなかでお話ししている内容を図や絵にして共有してみることで生まれたものばかりですし、巷に元々あったものを参考に想起してできたので、オリジナルではありますが、それほど特別なものではなく、皆さんにとって身近に感じていただけるのではないかと思っています。

クモの巣指標

これは「絶対」「いつも（みんな）そうだ」というような「白黒思考」「〇か一〇〇か」、あるいは悪い部分しかないという認識から離れて、良い状況に気づき、自分にできていることがあり、それを続ける、もう少しほかにもできることがあるのではと考えるのに役立つツールです。

「お金がもっとほしい」「嫌いな人がいるから今の作業所は辞めたい」とそのことばかりを話し続ける軽度知的障がいがあり、発達障がいが疑われる男性と面談していたなかで、使い始めました。指標の項目立てにより今問題が集中している仕事、人間関係以外の生活全般に視界を広げてみると充実している部分があり、不満である項目も指標の1や2を選んで記入していて、こうしてみると絶望的に悪い生活状況(ゼロ)ではないことがわかります。プラスが1だったとしても、「そういえば仲良く話せる人もいる」といったことを共有できました。

このように「辞めたい」というような相談を受けた場合、まずその思いを言葉にして聴かせてくれた勇気や判断を労い、敬いたいと思います。そして、我慢すべきだと本人を説得したり環境を変えようとするより、変えなくても良いところを見つける作業をしていくと、案外話の展開が変わることも

図1 クモの巣指標

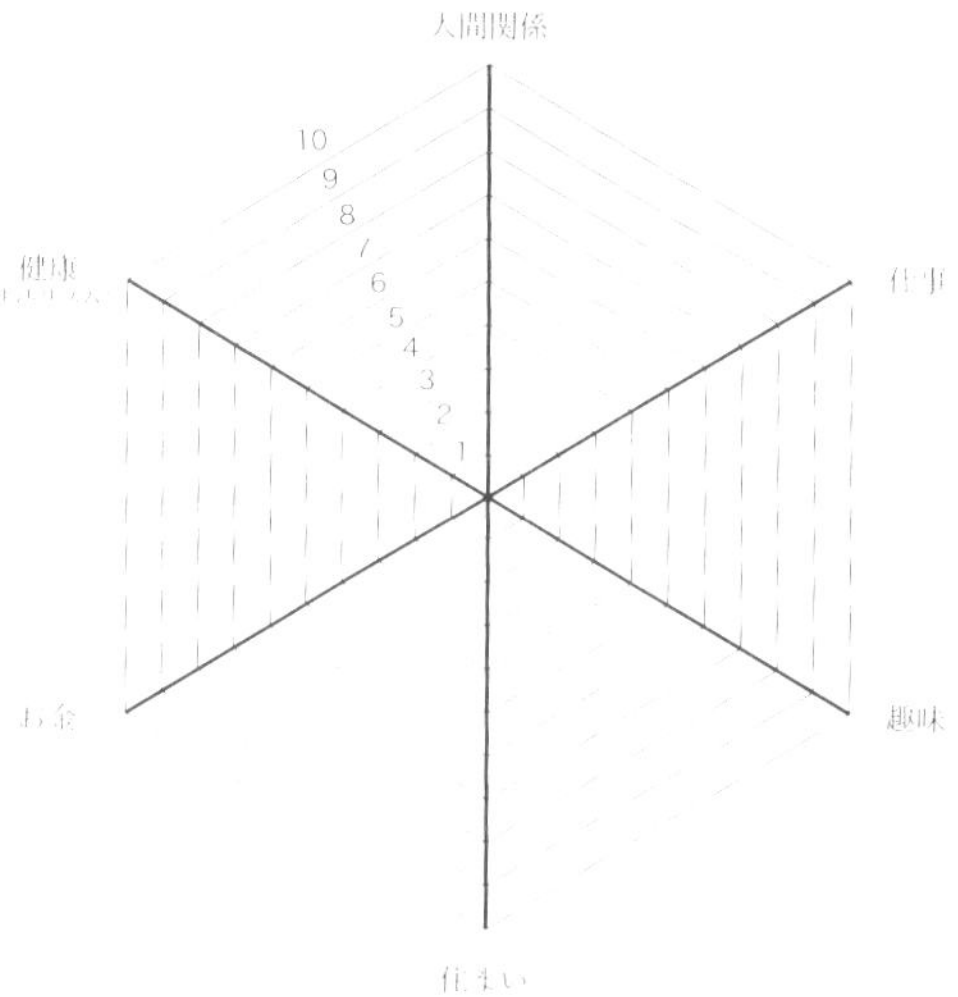

あります。何回かおこなえば、比較もでき、「あぁ、一年前はこうだったねぇ」などの話をすることもあります。また、支援者がテーマを変えて使えば、各支援機関や担当者の強みや弱みを共有したり、この支援チームにさらに必要なものは何かを検討する場合にも使えます。

誰もが「何もできない」ではなく、強みがあり、協力や貢献できることが何かあることが見えてきます。

人生信号

信号を守れば安全に道を渡ることができます。このことを判断と行動のセルフコントロールに応用したツールです。トラブルが少ない安心な毎日の実現に役立つかもしれません。

これは発達障がいがあり対人関係が苦手な男性と話をしているときにできました。この人は、間違っていたり、サボったりする人を見ると即指摘し、他方、本人はマイペースで融通がきかないために周りに疎まれがちでした。ある面談時に話を聴きながら、人生を歩むイメージで道の絵を描いていました。そして、分かれ道に信号機をつけ

図2 人生信号のイメージ

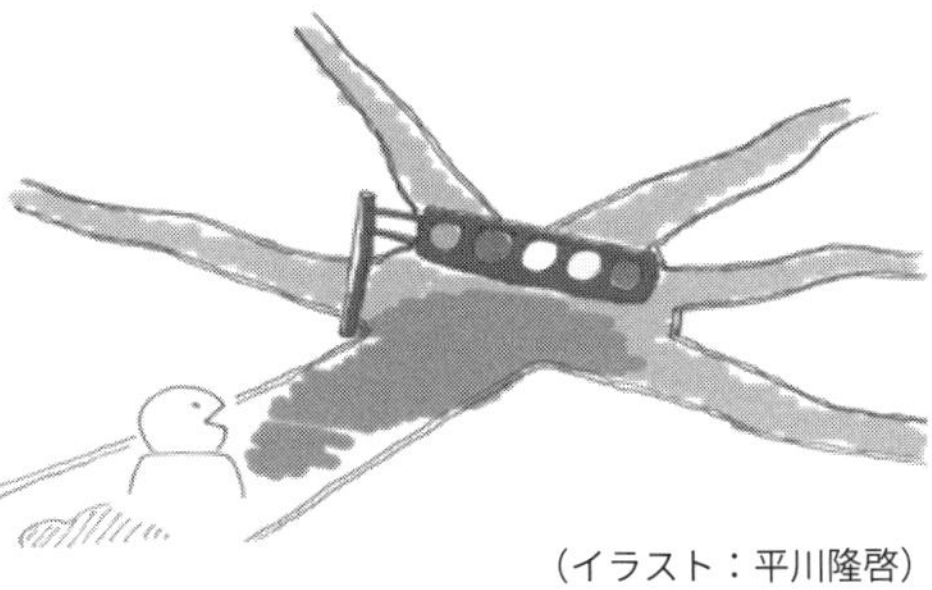

（イラスト：平川隆啓）

ました。その信号には、〝青（進んでよし）〟〝黄（注意）〟〝赤（止まれ）〟のほかにもう一色、〝紫（折り合う、許す）〟の信号を入れました。

許せないとか受け入れられないことに遭遇し、どうしたらよいか判断に迷うとき、〝紫〟を灯すという選択肢を提案してみました。これまでご本人の選択肢に「折り合う、許す」という思考がなく、後で後悔することや怒りの持って行き場がないということを繰り返していたようです。その後、何回かに一回は〝紫〟を選んでくれて、その後よかったと思ってくれることもあると話してくれました。障がいの有無にかかわらず「折り合う、許す」ことが上手にできると随分人間関係が楽になると思います。

後に、この人生信号にもう一色、〝白〟が加わりました。知的障がいがあるものの、非常に真面目で勤勉な男性と話していたときのことです。人当たりもとてもよく、与えられた作業をコツコツと真面目に取り組む人なのですが、評価が上がり期待され認められてくると、前触れなくいなくなったり、少額のお菓子を万引きしたりということが何度か繰り返され、複数回刑務

図3 人生信号チェック表

安心、大丈夫、健全	迷う、折り合う、許す	降参、撤退、SOS	危険、悪い考え	トラブル、事故、対立	オリジナル信号
私のテーマ：					
過去					
現在					
未来					

所にも入っていました。周囲は「なぜ？」「もったいない」という反応でした。お話してみると、本当に真面目で、でも能力の制限があるなかで、「無理です」「疲れた」という自覚やＳＯＳの発信ができず、突然プツンと糸が切れるように不適切な行動をとってしまうということがわかってきました。

そこで、「仕事や生活の場面で白旗をあげることも必要」「あげてもいいんだ」ということをわかちあい、〝白〟という選択肢を頭にイメージしてもらいやすくして、突然の行動ではなく言語化できるように協働しているところです。

感情カレンダー

カレンダー（市販のものやダウンロードしたもの）と、記入用のカラーペン、色鉛筆、シールなどを使います。やり方は毎日一日の終わり頃、日づけの余白部分に、今日どんな日だったかを考えながら選んだ色で○印を記入したり、シールを貼ってもらったりするという方法です。色の意味はあらかじめ本

図4 感情カレンダー

日	月	火	水	木	金	土
						1 ○
2 ●○	3 ○●	4 ○●	5 ○	6	7	8
9	10	11	12	13	14	15
16	17	18	19	20	21	22
23	24	25	26	27	28	

人と話し合いながら決めておきます。人生信号を共有した人であれば、人生信号の色を使ってくれることもありました。普通の日や良い日は〝青〟、気分がイライラした日は〝黄色〟、トラブルがあった日は〝赤〟、イライラしたけど、折り合いをつけて赤にならなかったは〝黄色と紫〟、というような感じです。自分で色を決める人もいます。〇を記入しているうち、コメントも書き加えてくれるようになった人もいました。この協働作業では、「こうならなければならない」とあるべき姿を示そうとするのではなく、できるだけありのままに「こうだった」という確認を毎日することが大切です。その協力を支援者が喜び、数日や一カ月経過したのちに一緒に見ると、出来事と気分や行動の関係やパターンのようなものがわかってくることもあります。

不安が強く、衝動的な行動に出やすい知的障がいがある男性と取り組んでみたのが、感情カレンダーを使った最初でした。

自分年表

「入口支援」を始めてみて、地域で暮らしている場合や「出口支援」に比べて、面会したり関係者とつながって具体的な環境調整などをおこなう機会や時間の少なさと、何より医療や福祉が必要とする情報を得ることの難しさを痛感しました。その打開策のひとつとして「自分年表」という用紙を作ってみました。本人が生まれた年から現在の年齢を縦軸に、その時の出来事、その時の良かったこと(思い出)、悪かったこと(思い出)を横軸に分けて、可能な範囲で短く記入してもらう形です。聴取りの時間が確保できなさそうなときなどに、本人に提案・協力依頼をしてみて、書いてくれるという場合に差し入れて、自分の時間の中で書いてもらいます。

これまで聴取りをする形で「アセスメント票」を作成するというのが当たり前と思っていましたが、本人に書いてもらうことで、字がきれい、丁寧に書く、枠をはみ出していっぱい書く、小さい字、大きい字、表現や漢字の使い方など、言外の本人像なども知ることができます。その後、これを元にさらにお話を聴いています。

図5 自分年表

年月日	年齢	状況・所属など	良い思い出	悪い思い出
H1.9.20	0歳	(　　)で生まれる。 父 = 母 = きょうだい = 父方祖父母 = 母方祖父母 =		
H2	1歳			
H3	2歳			
H4	3歳			
H5	4歳			
H6	5歳			
H29	28歳			
H30	29歳			
H31	30歳になるとして			

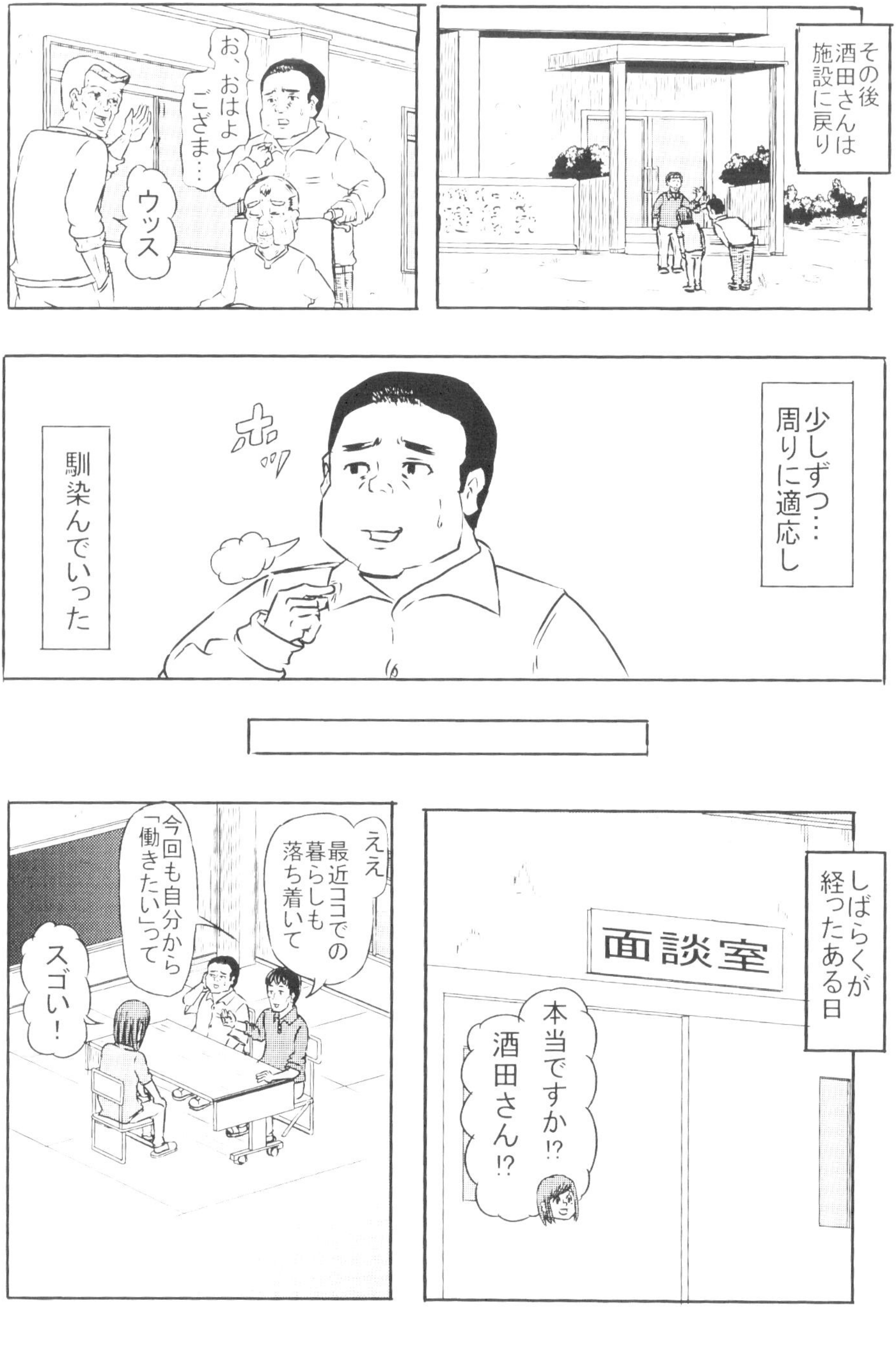
その後酒田さんは施設に戻り
お、おはよございま…
ウッス
少しずつ…周りに適応し
ホッ
馴染んでいった
しばらくが経ったある日
面談室
本当ですか!?酒田さん!?
ええ最近ココでの暮らしも落ち着いて
今回も自分から「働きたい」って
スゴい!

やりましたね酒田さん！
テレ
ハハッ
生活支援　就労センター
ひかり
では酒田さん最後にですね…
コチラに記入をお願いします
あっ…
ピタッ
なかったら空欄で
賞罰欄

ノナラ…
酒田さん…
自分で決めていいんですよ
ググッ
ギリュ
…あ…
ありません
すみません
あ、あの…
さっきの…
さっき？
あ、賞罰欄？
あ、アレでよかったのか…

誰にも言いたくないことがある
ソレを言わないと自分で決めて守る…
コレって大事なことなんですよ
こうして酒田さんは
新たな社会への一歩を踏み出した
コレはまた美人さんが…
お父さん黙ってて！
…はい
自己紹介なんてのは…
黙って！
…ハイ
お名前は？

コチラ…今付き合ってる
ガチ
ガチ
も、守田宏絵《ひろえ》と申します!!
いいおじょ
ドン
いいお嬢さんじゃない！
可愛くて元気で！
アンタにはもったいないほどよ！
パァッ
グッ
かたくるしいのオワリ！
で、守田さんの仕事ってさ
受刑者の面倒見てんでしょ？
お姉ちゃん
で？どうなの？
お父さんは黙ってて！
母さん

そうですね…職場…
ハハ…
どうしよ…話せば…
危ないこととかなかったの!?
ワクワク
ワクワク
衝撃的な人とか!
喜んでくれるんだろうなぁ…
…でも…仕事の事は…
誰にも言いたくないことがある
ソレを言わないと自分で決めて守る…
コレって大事なことなんですよ
グッ
私は…
私は…

すみません…
仕事のことですので…
ココだけ！内緒で…
ちょっとお父さん
やめなさい
私は仕事ばかりやってきた
だから家ではこんな感じだ
でも、コレはだまってられないな
個人情報の秘密保持…
仕事では大切なことなんだ

圧力も感じるこんな場で…
そんな言い方…
しっかり守れたんだ
幸せ者だな
こんな誠実な方めったにいないぞ
…父さん
守田さん
不肖の息子をなにとぞお願いします
アタ
アタ
そ、そんな！
めっそうもありません
ちょっと！宏絵ちゃん！
ムスゥ…
あっ…
は、ハイ…
タジ

ニコッ
次、来ても聞くからね！
私たちはしつこいよ～
ホッ
よし！母さん寿司だ!!
お父さん！調子に乗らない
…はい

ゴメンね もう少し フォローすれば よかったね
気に入って もらえたら いいんだけど
ホントは 言っちゃおうと 思ったんだ
…でも 気づいたの
私からすれば この仕事は…
アナタと一緒に いる…
ソレと同じくらい 大切なんだって
私これから 仕事も私生活も がんばるよ！

数カ月後
守田さ～ん
書類なんだけど～…
あれ～？
4/30
ひょうたん拘置所面
M.O
社会福祉法人
よつば福祉会
ひょうたん県地域
生活定着支援センター
え～
またぁ～？

エピソード 7

言いたくないこと、言えないことは誰にでもある

秘密を守る

このエピソードのポイント

　このエピソードのテーマは、個人情報の取扱いです。福祉施設で再び暮らしはじめた酒田さんは、徐々に生活に慣れて、働きたいと希望するようになりました。そして、就職活動のために履歴書を作成するにあたって、賞罰欄をどう書くかという場面に直面します。このように犯罪をして処分された経歴のある人は、その事実を他者に伝えるかどうかに悩むことがあります。誰に対して、どのタイミングで犯罪歴を伝えるのか、あるいは伝えないのかの選択を迫られるのです。そのため、情報開示に関する自己決定の支援が必要とされることがよくあります。

　また、彼氏の家を訪問した守田さんは、彼氏の母や姉から定着支援センターの仕事について尋ねられます。一般的に言って、犯罪に関する話題は社会のなかで強い関心を呼びます。メディアによる実際の事件報道だけではなく、小説、映画、テレビ、最近ではインターネット上のコンテンツに至るまで、犯罪をテーマとしたものがどれだけ身の回りにあるのか、改めてよく見てみるとその数の多さに

驚くほどです。それだけ多くの人が、犯罪という現象に興味や関心を寄せているのでしょう。ただし、これは自分の生活に直結するからという理由よりは、興味本位の関心が大きいと思われます。なぜなら、被害者、加害者のいずれとしても、実際に犯罪に関わる人というのはごく少ないからです。

そうであるからこそ、援助者は当事者の情報保護には特に注意を払わなければなりません。犯罪をした人への支援を通じて、援助者はその人のした犯罪の内容や犯罪歴を詳しく知ることがありますが、これらは最高度の機密性がある個人情報ですから、秘密保持に関する高い意識と強い倫理観が求められるのです。

援助者が一方的に決めない

自分に関する情報を言うか言わないか、言うのであれば、何を、誰に対して、どこまで伝えるのかは当事者が決めることです。これは犯罪に関する情報でも同じです。しかし、実際にはそうなっていないことも多くあるようです。ときおり、当事者の犯罪歴をほかの関係者や雇用主の候補者などに伝えるべきかどうか、という相談を援助者から受けることがあります。そのようなときに「当事者本人は、どのようにしたいと言っていますか」と私が尋ねると、本人の考えを確認していない場合があります。確認していないことの方が多いかもしれない、というのが実感です。

繰り返しになりますが、犯罪歴は高い機密性が求められる個人情報であり、それをどう取り扱うかは本人が決めるべきことです。たとえば、疾患がある人がいたとして、そのことを周囲の人に伝えるかどうかを決めるのは本人自身のはずです。事情を知っている人がいたとしても、その人が本人の承諾なしに勝手に疾患のことを他者に伝えることは許されません。社会福祉士の倫理綱領に照らして考えても、このことには疑問の余地はないでしょう。

情報が犯罪に関するものであっても、基本的な考え方は変わらないはずです。それなのに、なぜ、援助者はそれを関係者に伝えるべきかどうかを悩むのでしょうか。そこには、リスクが関係しているように思われます。つまり、「もし、何かあったら」＝「もし、当事者が再び犯罪をしたら」どうするのかという問題があるから、あらかじめ犯罪歴のことを伝えておくべきだと考えるのではないでしょうか。しかし、**ある人が将来にわたって犯罪にあたる行為をするかどうかは、正確に予測できるものではありません。**それは、当事者も、読者の皆さんも、そして私についても言えることです。また、**犯罪歴があることを伝えること自体は、リスクの低減にはつながらないはずです。**

犯罪をしない生活を支援をするために、当事者のことを援助者が知る必要はあります。生育歴を把握するのは、対人援助の基本です。そして、犯罪行為や刑事司法機関との接触もライフイベントの一部であることは間違いなく、その意味ではこれらを知る必要がある場合もあります。特にアセスメントの段階では、知る必然性は高いでしょう。ただし、そこで知ったことをほかの援助者にそのまま伝えるかどうかは、別に検討すべきです。**援助者による情報の開示は、当事者の同意のもとに、真に必要とされる相手に対して、必要な範囲に限定するのが原則です。**

先のことも考えておく

当事者は、犯罪歴を伝えるのか、あるいは伝えないのかを選択することになりますが、どちらにすべきという、絶対的な答えがあるわけではありません。先のことを考えながら、どうするかを決める必要があります。なぜなら、最初は周囲の人に言わずにおこうと決めたとして、時間が経って信頼関係が作られてくるにつれて、自分をより深く知ってもらいたい、あるいは秘密があるのはよくないという感覚が出てくるときがあるからです。このようなときに、改めて犯罪歴の存在を明かすことに対しては、かなり心理的ハードルが高くなるでしょう。そのため、**他者に伝えるかどうかを判断するにあたっては、将来にわたって、その人との関係がどうなるのかも想像しながら、もしも、後になって伝えたくなったらどうするかも含めて考える必要があるのです。**

このように、将来のことを考えながら何かを決めるというのは、当事者に知的障がいなどがある場合には、たいへん難しい作業になりえます。エピソード6「自分で決める、という経験の意味」で説明した、考える過程の可視化や共有、パターナリズムを自覚したかかわりを参考にしてもらえればと思います［→一四八頁］。

また、伝えることを選んだ場合は、誰に対して、いつ、どこで、どのように伝えるかを具体的に検討します。犯罪をしたことがあるとだけ伝えられると、相手が不安を抱いたり、拒否的になる可能性が高まります。**過去のことだけではなく、現在、どのように生活しているのか、これからどうしていきたい**

のかもあわせて伝えるようにしましょう。特に相手が対人援助職の場合は、本人が安定して生活するためのポイントや不安定になり始めるときのサインを伝えることで、安心感が増すこともあるでしょう。

「自分について語れること」を増やす

このエピソードには出てきませんが、なかには自分の犯罪歴や受刑歴を隠そうとしない人、あるいは積極的に話す人がいます。いわゆる、「受刑自慢」です。ときおり、援助者から「受刑したことを自慢げに話す人がいる。どうすれば、言わないでもらえるか」といった相談を受けることがあります。これは、特に知的障がいがある人の場合に多いようです。

これについては、**その人にとって犯罪や受刑経験以外に「自分について語れること」があるのだろうか、という視点から考えてみましょう。**家族、仕事、趣味、最近の出来事など、私たちは相手と場面に応じてさまざまなことを話題にします。これは、私たちがこれらを経験して、話題のレパートリーがあるからこそできることです。もし、あなたがこれまでの人生のかなりの部分を刑事司法と接触しながら過ごしてきて、ここ最近の数年間も刑務所で生活していたとしたら、そのことが話題の中心になるのではないでしょうか。あるいは、それ以外に語れることがない状態、になるかもしれません。

そのような状況にある人に単に「犯罪や刑務所のことは話さないでください」と禁止しても、あまり効果的ではないでしょう。**受刑自慢を止めるためには、それ以外のさまざまな経験を積み重ねて、「自**

分について語れること」を増やしていくのが重要だということになります。具体的には、安定的に生活できる場を確保して、仕事や日中活動、余暇などを充実させて、これらを通じていろいろな人と出会って、犯罪にかかわらない生活を続けていくということです。一見すると受刑自慢と関係なさそうですが、実はこれが対応策となるのです。

ワンポイントアドバイス

◇犯罪歴を伝えないという選択をしようとするときは、もしも、後になって伝えたくなったらどうするかも含めて考える。

◇犯罪歴を伝えるときは、今どうしているのか、この先どうしたいと思っているのか、もあわせて話す。

◇仕事や日中活動、余暇などを充実させて「自分について語れること」を増やせば、「受刑自慢」をする必要はなくなる。

日々修行中、援助の現場から

秘密保持、個人情報の取扱い……本当に大事なテーマであり、現場では常に緊張と葛藤を強いられるところでもあります。

地域生活定着支援センターでは、刑務所から出所する人の支援である「出口支援」でも、被疑者・被告人の支援である「入口支援」でも、必要な場合には個人情報を開示して良いかどうかの同意書を本人から最初に必ずいただいています。書面の言葉づかいもわかりやすい説明になるよう工夫しています。そして、その後も必要に応じて口頭で本人に開示してよいかどうか、また開示が必要である場合に事情を説明し、理解と同意をしてもらえるか確認します。

地域生活定着促進事業が開始されて間もなくの頃に、ある刑務所の職員から、「個人情報は言えないけれど、出所後に病院に入院できるように手配してほしい」という相談があり、正直困った経験がありました。ただ、このときの刑務所の職員さんには、外部の機関などに個人情報を伝えてはいけないという縛りがありながらもなんとかしたいという思いがあったのだろうと推察します。他方、個人情報の保護を盾に、援助にかかわることを最初から拒絶しているように感じる対応にも遭遇したことがあります。情報が少ないと援助できる内容が限定的にならざるをえないことも確かです。

解説にも書かれているように、開示できるか否かについて本人との丁寧な対話や意思の確認をすっ飛ばして決めていたり、進行していることが多いと感じます。その人がどう考え、どう判断するかは最も大事ですし、もし私がそうされたらどうだろうとか、どうしてほしいだろうかと考えてみることもひとつの参考になるかもしれません。安心・安全な対話を重ねる、その人のことはその人にまず訊いてみる、こちらの意見も伝えてみる。これがやっぱり大事。

精神障害者保健福祉手帳三級を所持しているDさんと、執行猶予中であることや障害者手帳を持っていることを伝えて仕事をするかどうかについて話し合ったときには、メリットとデメリットの両方を確認し、何を大事にして、何を折りあったり、今は諦めるかなどを話し合いました。たとえば、やる気はあるし真面目だけれど作業がほかの人より遅いことを理解してほしい、でも病気のことは言わずにみんなに理解や配慮をしてもらいたい、というのは残念ながら難しかったりします。「事情を言わずに、ほかの人よりもゆっくりでも咎められたりしない仕事はないか」「考えてみると、事情を伝えたほうが気が楽でよさそうかなぁ」とか、いろいろ話し合いました。

薬物からの回復施設に入所しているEさんは、バイトしているコンビニには事情を伝えないことを選んでいました。「自分には正直になれる仲間や場所があるから、自分のことを全員にわかってもらわなくても不安ではないんだ」と話してくれました。

知的障がいがあるFさんは、刑務所からの出所後に救護施設に入所することになりましたが、現実的に私たちが情報を伏せて入所の打診をすることが難しかったので、Fさんに理解と協力を求めたところ現状を伝えることに同意してくれました。そこからFさんや施設の職員も交えて、事情を伝える範囲は職員のみで、利用者には伝えないことを話し合って決めました。「ここに来る前はどこにいたの？」というような想定問答も練習しました。本人から自然に出る答えがいいのですが、あまりにも経験していないようなことを言うと、その後の会話が苦しくなることも対話で実感してもらったりして、できるだけ経験がある範囲で話すように提案したりしました。

こんな風に、ケースバイケースで正解やマニュアルがあるわけではないけれど、その人が判断するための援助を工夫することも私たちの役割かなと思います。

最後に、マンガや解説では触れていませんが、援助の現場では守秘義務の限界があることにも触れておきたいと思います。たとえば、「死のうと思っている」「虐待をしてしまっている」「犯罪行為をしてしまった」「○○を殺そうと思っている」と聴いたときにどうしますか？　悩みますか？　それとも守秘義務があるから守る、いやいや守秘義務なんかより、通報すると考えますか？　最近、私が心がけて行っているのは、「できるだけありのままに話してくれると助かる」と伝えるとともに、「秘密を守ることは約束するけれど、自分やほかの人を傷つけるおそれがあるときに限っては、必要なところに連絡をすることもあります」と面談の最初にお話することです。

守秘義務の例外に関する参考資料として「タラソフ事件」について、簡潔にご紹介します。あるクライエントがカウンセリングの中で「タラソフを殺そうと考えている」と話しました。カウンセラーは関係機関には報告しましたが、タラソフさんやその家族には知らせず、そのクライエントはタラソフさんを殺害してしまいました。その後、被害者家族はカウンセラーを訴え、最高裁判断まで争われた結果、医師や治療者はクライエントによって危険が及ぶと予測される人を危険から守る方策を取るべきである、との判決が言い渡されたという、一九六九年にアメリカで起きた事件です。

刑務所からの出所を間近に控えたGさんの罪名はストーカー規正法違反。「出たら○○さんに会いに行く」「被害者とは両思いだ」と言っていました。私は警察署に通報し、この事案では被害者をガードしていただけることになりました。一方、家族と協働して入院の可能性などを探りました。

いかがでしょうか。なにより、新たな加害被害関係が生まれることは避けたいと思いますし、行動の前に言葉にして話してくれたことはありがたいのではと思います。まとめると、守秘義務の限界があり得ることを踏まえ、自分自身の安全も意識しながら、たとえば、即通報するのか、治療を勧めたりするのか、保護はどうか、自首を勧めるのかなどについて、信頼できる人などを交え時間を置かずに考えるというところでしょうか。

コラム

友人、知人や家族とのかかわり

矯正施設（刑務所、少年刑務所、拘置所および少年院）に入所しているあいだに退所後の生活について検討しているときや、矯正施設を退所した直後に、当事者が過去にかかわりのあった友人や知人に「世話になろうと思う」「仕事をみつけてもらう」と話すことがあります。援助者からすると、その友人や知人は当事者に暴力をふるったり、経済的に搾取したりしていたのではと思われる相手であったりします。しかし、当事者は暴力をうけたのは「自分ができないから叱られた」からだと捉えていたり、経済的搾取どころか「ごちそうしてもらった」「世話になった」などと話します。そのようなとき、援助者としては「会いに行ってほしくない」「支援が途切れてしまうのでは」と不安が高まりますが、当事者が友人や知人に会いたいと思う気持ちを否定せず、どんなときどのようなことがあったのか、どう感じていたのかなどを聞いていくようにします。

また、矯正施設を退所してからしばらくして生活が安定してくると、それまで疎遠にしていた家族や世話になった人に会いたいと望んだりすることもあります。日々生きていくだけで精一杯だった当事者が、生活が少し安定したことにより、過去をふり返り、現在の自分の存在意義を確かめたい気持ちになったのかもしれません。当事者から援助者に、家族等との関係修復の相談や協力を求められることも多いでしょう。そのようなときには、本人の気持ちを尊重しつつ、時間をかけて慎重に取り組みます。家族が望まないときは、当事者がその現実を受け止める過程を支援する必要があります。過去に住んでいた場所や生まれ育った地域を一緒に訪れたり、親族の墓参りをしたり、その道中に当事者がポツリポツリと話すことに耳を傾けます。

逆に、当事者が家族との関係修復を望まない場合もあります。「ひどい親だった」「兄弟から犯罪行為をすることを誘われた」「金を盗られた」などと話すこともあります。その際には、本人の話に同調して家族のことを批判するのではなく、そのような状況にあった本人について「大変でしたね」「つらかったんですね」と伝えます。

過去にかかわりのあった人について本人が否定的なことを言ったとしても、これまでの人生で継続的にかかわりをもった人が少なかったであろうと想像される当事者にとっては、過去にかかわった人について援助者から批判されると、まるで自分自身が否定されたような、自分の生き方を否定されたように受け止めてしまいがちです。それを防ぐためにも、本人の話を傾聴し、友人、知人や家族の人格や存在を否定するのではなく、その状況について援助者がどう感じたかを伝えるのです。

援助者には急いで対応しなければならないことが多々ありますが、当事者が援助者や周囲の人と安心・安全な関係を築き、これまでとは違う人間関係を経験することで、生活上の問題が生じたときにこれまでとは違った方法で解決できるよう、長期的な視点での支援も必要だと思います。

〈参考〉

・独立行政法人国立重度知的障害者総合施設のぞみの園編『理論と実践で学ぶ知的障害のある犯罪行為者への支援』(独立行政法人国立重度知的障害者総合施設のぞみの園、二〇一七年)

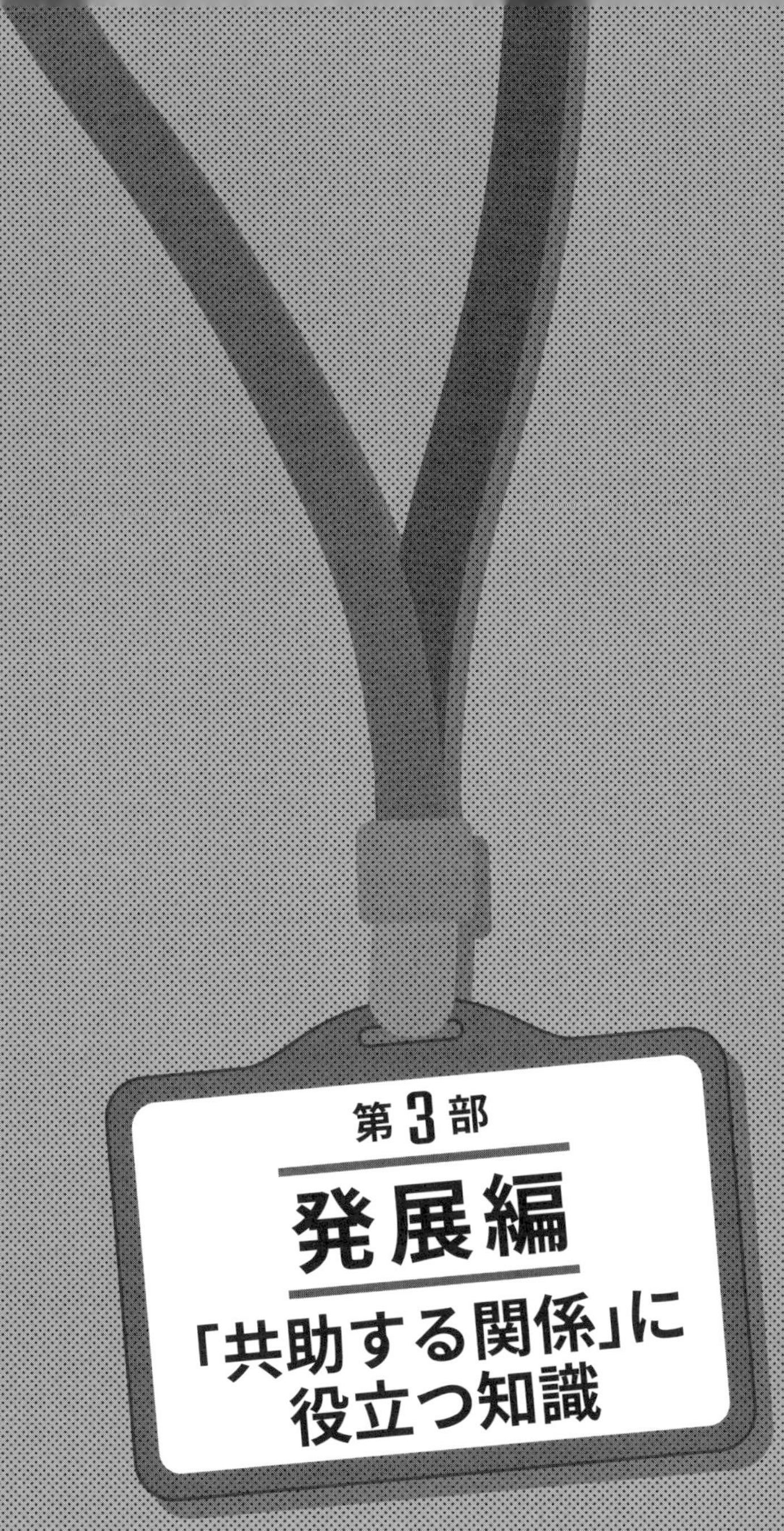

第3部

発展編

「共助する関係」に役立つ知識

「物語編」では具体的なエピソードを通じて、当事者と援助者が「共助する関係」を築くための七つの要点を紹介しました。それぞれのエピソードのなかでポイントとなる箇所を解説したうえで、どうすればいいのかを提案しています。

ここでは「発展編」として、共助する関係を結び、維持していくために参考となるであろう、考え方や枠組み、留意点を説明します。内容によって、「援助にあたっての原則」「当事者を理解するための視点」「援助者が自己理解を深めるためのヒント」の三つに大きく分かれています。各項目はそれだけで独立して読めるようになっていますが、お互いに関連し合っているところもありますので、そのつもりで一度はすべての項目を通読していただければと思います。

援助にあたっての原則

1　犯罪・罪名によるラベリングの力を自覚する

犯罪はみんなが知っている現象です。テレビや新聞では、犯罪について毎日伝えています。また、事件報道だけではなく、小説やドラマ、映画といった創作の世界、ドキュメンタリータッチの実録ものなど、犯罪を題材とした情報は私たちの身の回りに多くあります。その意味では、社会のなかで暮らす人には、犯罪現象に対する強い興味関心があるのではないでしょうか。そうでなければ、事件報道以外にあれほど多くの、さまざまな犯罪に関係するコンテンツが作られていることの説明がつきません。

「犯罪をした人は悪い人なのか」と問われたら、「そんなの、あたりまえ」「世の中にいろいろ悪いことはあるけれど、犯罪はその代表みたいなもの」という答えが返ってくるかもしれません。犯罪は悪いことだから、犯罪をした人は悪い人。これは当然であるかに思えます。

それでは、私たちは犯罪行為をする人のことを実際にどれくらい知っているのでしょうか。対人援助では、相手の人を個別化して捉えること、高齢や障がいといった属性ではなく、その人自身のことを理解することが重要だといわれます。しかし、罪を犯した人の場合には、どうしても犯罪をしたこと、罪名に目が向きがちで、そのために個別化が難しくなります。

犯罪には強いラベリングの力があり、ともすると犯罪をしたという点のみが注目され、一人の人としての個別性や独自性が薄められることがあるのです。犯罪をした人には「犯罪者」というレッテルが貼られますし、加えて、罪名が記号としての働きをすることで個別化をさらに難しくします。「窃盗の人」「性犯の人」といった言い方がされることがありますが、これなどは罪名が記号化して、罪名＝その人そのもの、であるかのように捉えられている例でしょう。しかし、人は窃盗や性犯罪だけをして生きているわけではありません。これらは、その人の一面であるのに過ぎないはずです。

犯罪をした人に対しては、悪い人であるというステレオタイプな見方がされがちであるうえに、罪名がそれに拍車をかけているからこそ、共助する関係のためには、それぞれの当事者を援助者が丁寧に知ろうとすることが求められます。それによって、当事者一人ひとりのここに至るまでの事情がそれなりにわかってくるはずです。それは犯罪に至る背景要因を理解して、どのように援助を進めていくかを考えるうえでの手がかりにつながります。

2　多様で複雑化した援助ニーズ・社会的排除の問題を知る

犯罪の背景には、多様で複雑化した援助ニーズや社会的排除の問題が存在しています。海外や国内で行われた研究や調査によって、当事者は生きていくうえでさまざまな困難を経験していて、社会的に排除された状態にあることが極めて多く、それが犯罪の背景要因にあることがわかってきています。

イギリスの「社会的排除ユニット」という社会的排除の問題に対応している政府部局では、犯罪行為者は教育、医療、社会福祉といったサービスへのアクセスが難しく、仕事を得ることもできにくい状態にあって、社会の仕組みから排除されているという報告書をまとめています。この報告書では、①受刑者の多くは、生涯にわたって社会的排除を経験していて、援助に対する高いニーズがあるのにもかかわらず、サービスが利用できていないこと、②教育、雇用、精神的・身体的な健康状態、住居、所得、家族ネットワークといった、一見すると犯罪に無関係なように思われる要素が再犯に影響していることが指摘されました。

海外で行われた調査では、知的障がいがある犯罪行為者は精神疾患、ネグレクトや虐待による被害、教育や就労機会の制約、愛着形成や対人関係に起因する問題、社会的孤立などを経験している場合が多いことが明らかになっています。日本で行われた調査でも、知的障がいがある受刑者（疑いのある人を含みます）とそうではない受刑者を比べると、知的障がいがある受刑者の方が刑務所入所前に住所不定や無職、未婚である割合が高く、教育歴が短いという結果が出ています。

当事者がさまざまな生きづらさを抱えていることは、援助者からも報告されています。生きづらさの具体的な内容は多岐にわたっていて、いじめ、虐待、家族や他者からの身体的・性的暴力、経済的搾取といった被害の体験、学校からの早期のドロップアウトや就職困難・不安定就労といった教育や雇用からの排除、その結果としての貧困や不安定な居住環境などが代表的なものです。

もちろん、困難や社会的排除、生きづらさを経験した人がすべて犯罪をするというわけではありません。しかし、当事者の多くはさまざまな逆境的な経験をしていて、複雑で多様化した援助ニーズがあること、それにもかかわらず、社会的に排除され、孤立していて十分な援助がされてこなかったことが極めて多いという事実は、援助者として理解しておく必要があります。

3　再犯防止は結果であって、援助の目的ではない

再犯防止は結果であって、援助の目的ではありません。当事者への援助的なかかわりの目的は、前述した多様で複雑化したニーズに応え、社会的に排除された状態を改善することにあります。援助の結果

として、犯罪をせずに生きていくことができるようになれば、それが再犯防止につながるのです。特に対人援助の領域で働く人にとっては、この点を明確にしておくことはたいへん重要です。

国の政策として再犯防止が強調されるようになり、人びとの再犯防止に対する意識も高まっているという社会の状況があります。一九九〇年代の終わり頃から警察が認知する刑法犯の件数が増加し、一方で検挙率が下降するという状況が起こりました。それまで、「水と安全はタダ」とも言われるほど、世界的にみれば日本の治安状況はいいとされていて、その論拠のひとつが警察による検挙率の高さでしたから、当時、日本の治安の状況が一気に悪化しているということが言われました。また、保護観察対象者や仮釈放者による重大再犯事件が発生したり、少年による重大事件が複数発生したことも、こうした傾向に拍車をかけました。

実際には、国内の治安が一気に悪化したというわけではないという指摘もありますし、さまざまな要素が影響した結果としてこのような事態が生じたのですが、いずれにしても人びとの体感する治安は悪化しました。その結果、厳罰化の流れが起こり、これまでになく再犯防止が注目されるようになりました。「導入編」で紹介した再犯防止推進法の立法は、それを象徴するようなできごとです〔↓一六頁〕。

その後、認知件数は減少し、検挙率も一定まで再び向上しましたが、治安が良くないというイメージは今でも人びとのあいだに存在していると思われます。近年の少年法適用年齢引下げの議論にもみられるように、実際の統計に表れている数値とは関係なく、少年犯罪が凶悪化していると主張されていることなどは、その典型的な例でしょう。

もちろん、犯罪は少ない方がいいというのは間違いありません。再犯防止は誰もが否定しがたいものです。また、再犯防止推進法ができたことで、これまで刑事政策にかかわることがほとんどなかった都道府県や市町村が、犯罪をした人たちのことを考えはじめたことには一定の意義があります。

しかし、司法と福祉の連携は再犯防止のためにあると援助者が捉えてしまうと、援助の目的が曖昧になり、場合によっては当事者とのかかわりが不適切になります。再犯防止が過度に強調されたり、援助者によって過剰に意識されると、そのためには一定の監視や強制は仕方がないと考えられるようになっていく可能性があるからです。刑事司法による「処分」とは異なり、サービスや援助はあくまでも自由な意思のもとに利用するものであって、援助的なかかわりは強制される性質のものではありません。一定の場所に住むことを実質的に拒否できなくすることや、見守りの名のもとに日中の活動や余暇の様子などを監視したり、コントロールしようとすることは避けるべきです。援助や支援としてはじめたことが、いつの間にか「ソフトなコントロールや監視」に転換してしまわないように注意が必要です。

共助する関係は、当事者を管理したり、コントロールしたりしようとするものではありません。むしろ、その逆で、当事者と援助者が協力しあうことを目指しているのです。もちろん、状況によっては、何が望ましいかについて当事者と援助者のあいだで意見が食い違うことはありえます。そのようなときにお互いに押したり引いたりすることは、共助する関係でも重要です。言い換えれば、援助者が一定の説得を試みることは否定しません。ただし、そのときに説得が度を超えて、実質的に強制することになってはならないこと、援助的なかかわりには当事者への監視や自由制約につながる可能性があることを援助者はよく自覚しておく必要があります。特に当事者の知的な力や発達に制約があるときには、こうした自覚を持つことの重要性はさらに高まります。

4 「リスクへの対応」と「生活の質の向上」は相互に補いあっている

「リスクへの対応」と「生活の質の向上」はお互いに補い合っています。リスクに対応することが生活の質の向上には必要であり、生活の質を向上させることがリスク対応に役立っているのであって、どちらか一方のみでは不十分だという意味です。この点についてもう少し詳しく説明しましょう。

リスク対応のためには、自分にとって犯罪をするリスクが高くなる状況や行動が何であるかを当事者が理解して、それを避けようとすることが求められます。つまり、リスク対応では回避すべき目標(回避目標)が重視されるのです。たとえば、パチンコ屋などの特定の場所へ行かないようにする、お酒を飲まないようにする、特定の人とつき合うことを避けるといったことは回避目標になります。

回避目標を定めても、それを実際に回避しようとするかどうかは当事者本人の判断にかかっています。そのため、リスク対応のためには回避目標を守ろうというモチベーションが当事者本人にあることが欠かせません。援助者などの誰かが、毎日二四時間、その人と一緒に居続けるわけにはいかないからです。

一方、生活の質を向上させるためには、新たに達成したい目標(接近目標)を考えます。たとえば、どこかに出かける、家具や家電製品を新たに手に入れるといったものから、地域で一人暮らしをするといったものなど、さまざまなレベルの接近目標がありえます。

回避目標を守るためには、質の高い生活を手に入れたり、維持することがモチベーションとして作用します。同時に、接近目標を実現するためには、地域生活を続けていける状態にあることが大前提となりますから、きちんとリスクへの対応を継続していくことが求められるのです。リスク対応と生活の質の向上が相互に補い合っているとは、そういう意味です。

しかし、ともすれば、生活の質の方が忘れられがちになることがあります。リスクばかりに注目してしまい、当事者の生活の質がどうなっているのかに十分な注意が払われなくなるのです。どうすれば再犯をしないかばかりが考えられるようになってしまうと、禁止や制約ばかりが増えていき、生活の質が向上しないばかりか、将来への展望が持てなくなってしまいます。そうなると、当事者がリスクを回避するモチベーションを失っていく危険性が高まります。

当事者本人の立場からみて、今の生活での楽しみは何なのか、将来に向けての希望は何なのか、という点を常に考えるようにする癖をつけましょう。

また、当事者と援助者の共助する関係のためにも、当事者のリスクばかりに注目することは望ましくありません。なぜなら、周囲が自分の危険性ばかりに目を向けているように当事者が感じて、本人が疎外感を強める恐れがあるからです。

リスクが高いと思われる行動を禁止して、守れないときにはペナルティを科すことで行動を変えようと私たちはしてしまいがちです。罰による威嚇の力を使って人の行動を変えようとする、というメカニズムは社会で広く使われています。近年では、罰が人の行動の変化にどれだけ効果があるのかについて疑問視され、動機づけの重要性が強調されるようになってきました。しかし、私たちはともすると罰に頼りたくなってしまう傾向があるので、十分な注意が必要です。

5 「アイデンティティの転換過程」と「犯罪行為からの離脱」について理解する

本書のテーマが当事者と援助者の「共助する関係」であるように、刑事司法の対象となった人への援助にあたっては、関係の重要性が強調されることがよくあります。たとえば、地域生活定着支援センターの職員からは、当事者とのあいだで良好な関係を築き、維持することが、援助がうまくいくためには欠かせないと指摘されています。また、そのほかの援助者を対象とした調査でも、関係性の形成や維持が重要だと考えている人が多いことがわかっています。

援助にあたって、なぜ関係性が注目されるのでしょうか。その理由のひとつとして、先に説明したように当事者の多くが社会的に孤立した状態にあるという点があります。そのため、本人にポジティブな影響を与えるような人たちとの関係を結べておらず、家族や友人といったようなインフォーマルに支え合うような人が周りにいないのです。そのうえ、教育、雇用といったサポート機能につながるような仕組みからも排除され、医療や福祉などのサービスにもアクセスできずにいることが珍しくありません。このような状態を改善するためには、周囲と関係を作っていくことが不可欠なのです。

これに加えて、「アイデンティティの転換過程」からみても人間関係への着目が重要になります。アイデンティティの転換過程とは、自分自身についての認識が変化していく道筋のことです。「犯罪をしている、どうしようもない自分」という否定的な自己認識から、「昔は悪かったけど、いまは違う自分」というふうに、自分自身についての捉え方が変わっていくというのが、犯罪をした人のアイデンティティ転換の望ましい形だといわれます。人が長期にわたって犯罪から離脱すること、犯罪をせずに生きていくことができているときには、この転換が起こっているのです。

精神障がい者、薬物依存症者、犯罪歴を持つ人のアイデンティティ転換の過程について調べたアメリカの研究者によれば、アイデンティティ転換を経験する人たちは、次の四つの段階からなる一定の過程をたどります。

❶ まず、衣食住などの基本的要求が満たされ、身体的・情緒的に安全が保障される必要があります。これは、アイデンティティ転換が起こるための前提となります。

❷ 次に、エンパワーされるような人間関係を作ります。そういう関係性ができると、人は自信を得て、次の段階に進めるようになります。

❸ そして、新しいスキルを身につけたり、価値ある社会的役割を求めたりするための勇気を持つようになります。それらは自尊感情を高めるための原動力となります。

❹ その結果、自分自身や過去の経験についての語り方が変わります。新たな人生の語りを通して、

自分自身を再定義したり、それまでの自分の経験を再構築するような再文脈化が起こるのです。再文脈化とは、自分についての物語の改変ともいえます。この過程を示したのが左の図です。

図 アイデンティティの転換過程

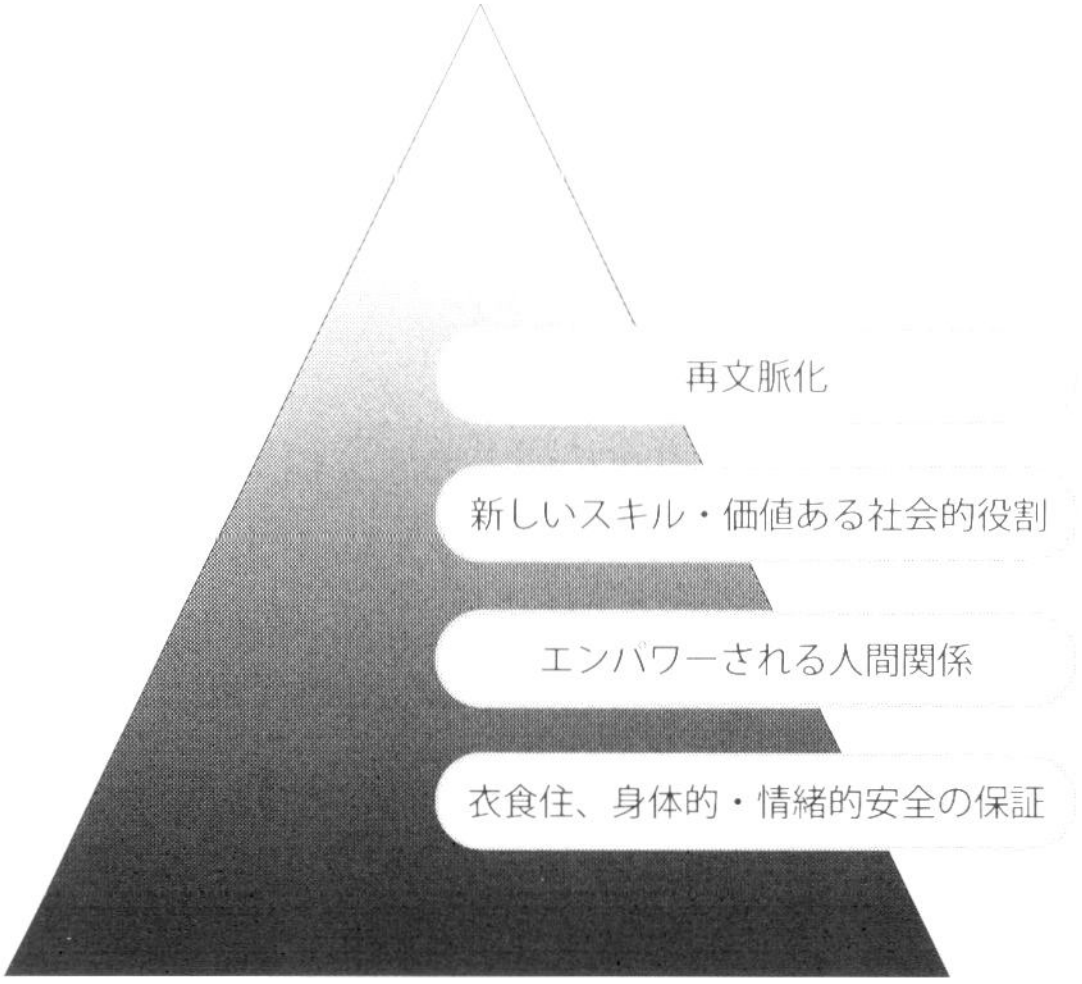

（筆者作成）

❶から❹の段階には順序性があります。まず❶で衣食住が満たれて、身体的・情緒的な安全が確保されないと、❷のエンパワーされる人間関係づくりをすることはできず、❷ができなければ、❸の新しいスキルを身につけたり、価値ある社会的役割を求めたりするようにはなれないのです。

犯罪をせずに生きていくということは、これまで自分が直面する問題に対して犯罪にあたる行為によって対処していたのを別な方法を使うようにしようとすることです。新しいスキルを身につけると言い換えてもいいでしょう。たとえば、物が必要だから盗る、怒りの感情が湧いたから物にあたったり人を殴ったりする、不安や抑うつ的な感情を抑えるために禁止薬物を使うといった対処をしていたのを、別な方法で対応できるようになるのが新しいスキルです。これはアイデンティティの転換過程でいえば第三の段階の話ですから、ここに至るためには、まず、第一、第二段階を経ていく必要があります。

このようにアイデンティティの転換過程には、エンパワーされるような人間関係の存在を欠かすことができません。これが人間関係が重要である、もうひとつの理由です。

エンパワーとは、直訳すれば「力(power)をつける」「力を獲得する」という意味です。名詞形はエンパワメントになります。対人援助では、エンパワメントの重要性がよく強調されますが、その定義にはさまざまなものがあります。ここでは、筆者が共感する森田ゆりさんによる説明を紹介します。[1]

森田さんによれば、エンパワメントとは、単に力をつけることではなく、人と人との生き生きとした出会いの持ち方であり、わたしたち一人ひとりが潜在的に持つ力に対してお互いが働きかけあって、それぞれが内に秘めている力を発揮できるような関係のあり方だとされます。「人間はみな生まれながらにみずみずしい個性、感性、生命力、能力、美しさを持っている」と信じて、それをふたたび生き生きと息吹かせるのがエンパワメントの思想です。むやみに自立を促したり、頑張りなさいと元気づけるのではなく、その人のあるがままを受け入れ、その人の内にある資源に働きかけることがエンパワーなのです。

1 森田ゆり『エンパワメントと人権――こころの力のみなもとへ』(解放出版社、一九九八年)一四～一八頁。

このようにエンパワメントは、相手の内的な力を引き出すこと、お互いに働きかけ合うことに着目しているという意味で、共助する関係との親和性が高いといえます。つまり、当事者と支援者が共助する関係を築くことは、アイデンティティ転換につながっているのです。

当事者を理解するための視点

1 「学習性無力感」と当事者の言動

共助する関係のためには、❶当事者のさまざまな逆境的な経験、❷それによって生じる複雑で多様化した援助ニーズ、❸社会的排除・社会的孤立のために十分な援助がされてこなかったことが極めて多い事実、の三点を知ることが必要だと先に述べました。このうち逆境的な経験は、当事者によるものごとの捉え方や状況への対処の仕方に大きく影響します。ここでは、こうした影響のうちの代表的なものとして「学習性無力感」と「トラウマ」について説明します。

学習性無力感とは、それまでの人生のなかでのさまざまな経験を通じて学習された、自分自身は無力であるという感覚のことです。さまざまな経験とは、自分にとって嫌な状況から逃れることができない、状況を変えようとしてもうまくいかないといったものを指します。信頼していた人に裏切られた、自分の味方になってくれると当てにした人がそうならなかったといった他者との関係が影響することもあります。

このような経験を重ねていくうちに、嫌な状況を変えることは自分にはできず、周囲からの助けも期待できないと考えるようになります。そして、「どうせ、どうにもならない」「どうせ今度もうまくいかない」「きっとこの人も自分を見捨てる」といった思考をしやすくなります。その結果、援助的なかかわりを拒んだり、逃げ出したりといった行動をとるようになると言われます。

エピソード2で「本人の困りごとに目を向ける」ことを提案しました〔↓六一頁〕。そのとき、困っていても、助けを求められない人がいること、特に刑事司法に関与した人は、これまで助けてくれる人が周囲にいなかったり、助けを求めたら逆に利用されて嫌な目にあったりした経験をしているために、周囲に相談しようとしない、相談できないという話をしました。これは学習性無力感という概念で説明できます。

よく援助者が「困ったことがあったら、何でも相談してくださいね」という意味のことを言いますが、学習性無力感を抱いている人の場合は、困っていても言い出すことができないため、このような言葉がけはあまり効果的ではありません。特に当事者と援助者の関係がはじまった初期の段階では、当事者本人に変わった様子がないかを観察し、変わった様子がなくても定期的に声をかけて話す機会を作るほうがいいでしょう。

学習性無力感の強い人は問題解決の方法を柔軟に考えることが難しく、「こうあるべき」「これしかない」といった硬い思考をしがちです。そのため、いったん決めると、途中でまずいかなと思ったとしても、なかなか自分の意見を変えられなくなっています。そのようなときには、無理に説得しようとすると余計にかたくなになったりするので、休憩をはさむ、時間を置くことも有効です。

そして、これまで長い時間をかけて今の状態に至っていますから、すぐに変化するのは難しいということを肝に銘じましょう。人の考え方やものごとの捉え方が変わっていくには長い時間がかかります。学習されたものを、改めて学習し直す、あるいは「脱学習」(unlearn)するのは、そう簡単なことではないのです。特に年齢を重ねれば、余計にその傾向は強まります。

学習性無力感は、他者に対する信頼感を低くして、他人には頼れないという考えを強めます。そのため、学習性無力感が強い人は、共助する関係を築くには手強い相手といえます。

学習性無力感をわかりやすく示したものに、『おこだでませんように』(くすのきしげのり著、石井聖岳絵、小学館、二〇〇八年)という絵本の作品があります。主人公の男の子は、マイナスな評価を受け続けるうちに自分に自信を持てなくなり、無力感を強めていきます。そして、周囲の接し方でそれが変わっていくのです。ぜひ、一度読んでみてください。

2　トラウマ・インフォームド・ケア

当事者の逆境的な経験は、場合によっては、トラウマを生じさせている可能性があります。トラウマとは、心的外傷、つまりこころのケガのことです。すべての逆境的な経験がトラウマを生じさせるわけではありませんし、本人の状態やサポートの状況などによって、ある人にとってトラウマを生じさせた経験が、別の人にはそうではないということもあります。援助にあたっては、トラウマが生じているかどうかを判断することが第一の目的ではありません。それよりは、当事者がトラウマを経験しているかもしれないという視点を持って、援助者はトラウマ・インフォームド・ケア（Trauma Informed Care。略してＴＩＣ）を心がける必要があるのです。

ＴＩＣという言葉は、最近、対人援助の領域で取り上げられることが増えてきました。大まかに言えば、ケアにあたって、トラウマによる影響を認識し、その影響を踏まえながら対応するアプローチという意味です。

トラウマとなりうるような逆境体験にはどのようなものがあるのでしょうか。「表1　小児期逆境体験（Adverse Childhood Experiences）の項目」が参考になります。

ここでＴＩＣについて詳しく説明することはできません。最近刊行された書籍（野坂祐子『トラウマインフォームド

表1　小児期逆境体験（Adverse Childhood Experiences）の項目

- 繰り返し、身体的暴力を受けていた。
- 繰り返し、心理的暴力を受けていた。
- アルコール・薬物乱用者が家族にいた。
- 母親が暴力を受けていた。
- 家庭に慢性的なうつ病の人がいたり、精神病を患っている人がいたり、自殺の危険がある人がいた。
- 両親のうち、どちらもあるいはどちらかがいなかった。
- 家族に服役中の人がいた。
- 親に無視されていた。
- 親に食事や生活の世話をしてもらえなかった。
- 性的な暴力を受けていた。

（出典：野坂　2019年、78頁）

ケア――〝問題行動〟を捉えなおす援助の視点』（日本評論社、二〇一九年）にわかりやすく、実践にわたる内容まで詳しく解説されていますので、ぜひ読んでみてください。

ここではこの本のなかから、ＴＩＣの定義と特徴、原則を紹介します。[2]

ＴＩＣとは、「トラウマの影響を理解した対応に基づき、被害者や支援者の身体、心理、情緒の安全を重視する。また、被害者がコントロール感やエンパワメントを回復する契機を見出すストレングスに基づいた取り組み」だと定義されます。

ＴＩＣの特徴は、❶被害者と支援者の安全の確立を目指すこと、❷支援関係をよいものにし、再トラウマを与えないこと、❸トラウマによる無力感から抜け出し、コントロール感と有用感を回復させていくために、脆弱さよりもストレングス（強み）に着目すること、です。

表2 TICの10原則

1	暴力や被害体験が、発達と対処方略に及ぼす影響を認識している
2	最も重要な目的は、トラウマからの回復である
3	エンパワメントモデルに基づいている
4	回復に向けた本人の選択とコントロールを最大限尊重する
5	協働的な関係に基づいて行われる
6	安全、尊重、受容についてのサバイバー（被害者）のニーズを大切にする雰囲気をつくる
7	症状ではなく適応とみなし、病理よりもリジリエンスに着目することでストレングスを強調する
8	再トラウマ体験を最小限にすることを目指す
9	文化に配慮し、それぞれの人生経験や文化的背景をふまえて本人を理解する
10	TICを実施する機関は、サービスのデザインやその評価に利用者を招き入れ、関与してもらう

（出典：野坂　2019年、86頁）

TICでは、トラウマによって生じたさまざまな症状や行動化を「病理」や「問題行動」として見るのではなく、それらは正常な「反応」であって、適応のための「対処」であると捉えます。トラウマへの対応では、医療的ケアを一助としながら、よりよい対処法を身につけていくという本人の主体性が重視されます。本人の選択とニーズを尊重し、再トラウマの防止のための対策を講じますが、その際には本人と支援者との「協働的な関係」が重要になります。「自分たちの援助内容に対する本人（当事者）の声」に耳を傾ける姿勢が、支援者には求められるのです。TICの一〇の原則は表2に示したとおりです。[2]

また、精神科医・臨床心理士の白川美也子さんは、トラウマ記憶の特徴は、❶無時間性・鮮明性があること、❷想起に苦痛な感情を伴うこと、❸言葉になりにくいこと、だと説明しています。[3]

トラウマ後の三つの主な症状には、❶再体験（被害当時の記憶が無意識のうちによみがえる）、❷回避・麻痺（被害を忘れようとして感情が麻痺する、そのために回避行動をとる）、❸過覚醒（神経が高ぶった状態が続く）があります。逆境的な経験をしている当事者と接する際には、これらの状態がありえることを想定しておくとよいでしょう。

白川さんは、トラウマを氷にたとえて、フラッシュバックは冷凍された氷が溶けるようなものだと述べています。つまり、フラッシュバックが起こると、そのときの感覚・感情・認知・思考がいっぺんに

2 野坂祐子『トラウマインフォームドケア――〝問題行動〟を捉えなおす援助の視点』（日本評論社、二〇一九年）八四～八六頁。

3 白川美也子『赤ずきんとオオカミのトラウマ・ケア――自分を愛する力を取り戻す［心理教育］の本』（アスク・ヒューマン・ケア、二〇一六年）一三～一四頁

生々しくよみがえり、それを止めるためにはまた凍らせるしかない、ということです。これはトラウマを知るにあたって、重要なポイントになります。

なお、トラウマ・インフォームド・ケアは、トラウマによる影響を認識し、その影響を踏まえながら対応することであって、ケアにあたってのアプローチのあり方を示すものです。トラウマそのものを治療しようとしているものではありませんので、その点は注意しましょう。

3 「愛着」への着目――「あせらず、あきらめず、あてにせず」

当事者のなかには、他者との社会的な関係がなかなかうまくいかない、という経験をしている人が多くいます。なぜ、こうした問題が起こるのかをよりよく理解するために、愛着について知っておくことが役立つ場合があります。

愛着とは、子どもと養育者のあいだの相互作用を通じて形成されていく、情緒的なきずな・つながりのことです。原語では、「アタッチメント」(attachment)といいます。

子どもが泣くと養育者が哺乳したり、排泄のケアをする、あるいは子どもが笑うと養育者が笑い返したり、言葉がけをするといったように、両者のあいだで適切なやりとりが成立することによって、子どもの側には安心感や信頼感が育まれ、愛着が形成されていきます。親子の愛情関係と混同されやすいのですが、愛着が形成される対象は親に限りません。特定の対象とのあいだに適切な相互作用があれば、血のつながりがなくても愛着は形成されます。

愛着の形成がうまくいくと、他者に対する安心感や信頼感を得ることにつながりますので、その人の人格の形成や社会性の発達に肯定的な影響を与えます。一方で、虐待やネグレクトなどの被害に遭ったり、養育者がひんぱんに変わったりすることで愛着の形成がうまくいかないと、他者とのあいだで適切な社会的関係を結ぶことが難しくなる場合があります。

形成される愛着のパターンは三つに分類されていて、❶健全な「安定型」、❷不安定で愛着の対象を避ける「回避型」、❸愛着の対象に自分の本来の気持ちとは矛盾した行動をとる「アンビバレント型」があります。第三の「アンビバレント型」の場合は、家族やパートナーに対して共依存的な関係を作りやすいといわれます。

愛着の形成がうまくいかないと、反抗的・衝動的・破壊的な行動をとったり、他者に対して強い警戒感を示すこともあれば、反対に過剰なまでになれなれしく振舞ったりすることもあります。そのため、他者との距離のとり方が難しく、本人自身も他の人との関係の作り方や集団の中での振舞いがよくわからなかったり、苦手に思ったりすることが多くなります。また、周囲の人も、どのような距離感で本人とつき合えばいいのかについて戸惑いを感じたり、不安定な人であるという印象を持ちやすくなったりします。

以前に「安定した愛着関係は、人が社会生活を送るための鋳型と基地のような働きをする」という説明を聞いて、納得したことを覚えています。鋳型というのは、人が生きていくにあたっての、周囲から影響されにくい、自分が拠って立つことのできるようなしっかりとした枠組みという意味です。自分なりの価値観を確立したり、他者に対するしっかりとした信頼感を持てることがそれにあたります。また、基地というのは、自分を取り巻く環境のなかで自分なりの対処をしていくにあたっての拠点としての働きをするという意味です。これらのいずれもがしっかりとしていれば、他者に振り回されたり、他者を振り回したりすることをあまりせずに生きていけるのです。

当事者とかかわっていると、ジェットコースターに乗っているかのように感情や考え方の起伏の激しい人に出会うことがあります。そのようなときには、愛着という視点を採り入れて、この人にはしっかりとした鋳型と基地があるのだろうか、という点を考えてみることもお勧めします。愛着関係は乳幼児期ごろに形成されるといわれていますので、援助者が当事者と一緒にその人の愛着関係の形成をやり直すというわけにはいかないでしょう。しかし、生活を通じて継続性や安定性を経験してもらい、そうした暮らしも居心地が悪いばかりではないことを知ることを通じて、少しずつゆっくりと本人なりのペースで変化していく可能性はあると思われます。

心理学研究者の脇中洋さんが、愛着の問題や学習性無力感のある人にかかわる援助者に求められる姿勢は「あせらず、あきらめず、あてにせず」だと言われています。これは援助者のあり方を一言で端的に表現した、当を得たアドバイスだと思います。ぜひ、覚えておいていただければ幸いです。

4 当事者の知的能力への配慮

当事者との共助する関係のためには、当事者の知的能力の状態を理解することが必須になります。ダンスのたとえを使えば、相手の体力や技術に応じて踊り方の難易度を調整することが求められます〔↓一一一頁〕。それと同じように、コミュニケーションにあたって当事者の理解力や記憶力、注意を持続させる力などの程度に応じて、援助者が自分の側の言動の内容や示し方を工夫する必要があるのです。当事者にとってどのような能力上の制約があるのかを援助者が知って、配慮しなければ、思っていたように意思疎通ができない、あるいは表面的なやり取りに終始してしまうといった問題が起こります。

ここで、ごく簡単に知的能力について確認します。知能の定義は、❶抽象的思考能力、❷学習能力、❸環境適応能力の三つに要約されます。それぞれの内容は表3のとおりです。

知能検査は、それぞれの人の知能の特徴を客観的に検査して、知的水準や知能構造を示すことを目的としています。知能検査というと知能指数（ＩＱ）を測定することが目的であると思われたり、ＩＱの数値のみが注目されたりすることがありますが、それは間違っています。本人の知

表3 3つの知的能力とその内容

❶抽象的思考能力	ものごとの関係を抽出して、抽象的に考える力
❷学習能力	新しいことがらを学ぶ場合の速度や達成度にかかわる力
❸環境適応能力	新しく直面する事態や問題を処理したり、適応する力

（筆者作成）

能の構造的な特性を理解することで、つよみや弱みを知り、それを援助に役立てることが援助者にとっての本来の目的であるはずです。IQなどの数値は絶対視するべきものではありませんが、一方で当事者の知的能力について援助者ができる限り理解をしておくことは、共助する支援のための適切なかかわりには欠かせません。

知能検査の方式としては、ウェクスラー式とビネー式が広く用いられています。ウェクスラー式は、児童向けのWISC、成人向けのWAISがあり、言語性IQと動作性IQという二種類のIQを用いて知能構造を示していますので、検査の結果には、全検査知能に加えて、言語性IQと動作性IQが示されます。

また、ウェクスラー検査では、表4に示す群指数が定められています。それぞれ群指数の状態によって経験する困難の内容が異なるため、これらの詳細を知ることは、援助にあたっての大きな手がかりになりえま

表4 ウェクスラー式の検査の群指数とその内容

群指数	内容
❶言語理解	言葉で理解・表現し、言葉を使って考える能力
❷知覚統合	目で見たことを理解し、動作で表現する能力。物事を空間的・総合的に処理する能力
❸注意記憶	言葉や数を覚え、また操作する能力。注意を集中持続させる能力
❹処理速度	目で見たことを覚える能力。形を正確に理解する能力。物事をすばやく処理する能力

（筆者作成）

す。

ビネー式は、日本では「田中ビネー知能検査」が広く用いられています。版によって違いがあり、「田中ビネーV」では一四歳以上の被験者には、四つの領域の「領域別偏差知能指数」（領域別ＤＩＱ）得点をもとに「総合偏差知能指数」（総合ＤＩＱ）が算出されます。四つの領域とは、❶経験の積み重ねによって獲得される「結晶性知能」、❷情報処理をより速く正確に行う「流動性知能」、❸情報を保持し、必要に応じて取り出す「記憶」、❹推論や抽象的思考に関する「論理推理」です。

知能検査の結果を援助に活用するためには、数値だけではなく、どういったことが得意だったり、苦手だったりにするのか、本人へのかかわりや環境の設定にあたってどういった配慮が有効なのかといった情報を把握することが大切です。そのためには、検査を実施した人の所見を注意深く読む習慣をつけましょう。可能であれば、検査を実施した人に直接話を聞ければ、有用な情報が多く得られることがあります。

なお、高齢者向けの認知症スクリーニング検査として、「長谷川式簡易知能評価（ＨＤＳ）」があります。所要時間が一〇分程度と簡便であることもあって、広く用いられており、刑務所でも実施されています。現行の改訂版は九項目三〇点満点で、得点が二〇点以下になると認知症による知能低下が起こっている可能性が高いとされます。

5　コミュニケーション支援と「未理解同調性」

物語編では、当事者とのコミュニケーションに対する配慮の重要性を強調しています。エピソード1では、当事者と話すときに内容を絵にして書き留めていく方法を紹介しました［→三九頁］。エピソード5では、本人の理解力に応じたコミュニケーションの重要性をお話しました［→一二四頁］。また、エピソード6でも、考える過程を可視化し、共有することで意思決定を支援するやり方について説明しました［→一四八頁］。

このように、コミュニケーションにあたっての工夫を繰り返しお伝えしたのは、当事者とのコミュニケーションが難しい場合が多くあるからです。特にご本人に知的障がいがある、あるいはその疑いがある場合には、コミュニケーションには十分な注意を払うことが援助者には求められます。刑務所に収容されている人には、知的障がいがある人の占める割合が一般人口よりも高いという調査結果もあります。

当事者とのコミュニケーションを難しくしている要素のひとつに「未理解同調性」があります。未理解同調性とは、相手から示された情報を本人が十分に理解していないにもかかわらず、相手の様子や自分を取り巻く周囲の状況を手がかりにしながら、あたかも理解できているかのように同調した言動をとることをいいます。

なぜ、未理解同調が起こるのかを考えてみましょう。まず、前提として、人は経験から学習をしていくこと、また人は自分が「うまくできている」状態を好むことがあります。そして、人は置かれた状況に適応しようとする存在です。本来、適応するためには、置かれた状況の正確な理解が必要になりますが、障がいなどによって理解が難しい場合には、自分なりの適応行動として「理解できているかのように」振る舞うようになります。そして、繰り返し、うまくできない状態を経験していくうちに、必ずしも理解が十分でなくても置かれた状況に同調して行動することがうまくなっていくのです。

未理解同調は一般的に見られる現象です。たとえば、周囲の音がうるさい場面で、少し離れた所に座った人が自分に話しかけてきて、内容が聞き取れなかったという経験をされたことがあると思います。こういうとき、その場の状況や相手の様子からみて、大事なことではないだろうと判断すると、相づちだけを打って話を合わせたように振る舞うといった経験をしたことがないでしょうか。これが未理解同調です。

ただし、障がいなどによる場合は、一時的に理解が難しいのではなく、その状態がずっと続いていくという点が大きく違うので、注意が必要です。たまたま周りがうるさかったから相手の言っていることがわからなかったというような環境による影響ではなく、本人の能力が原因となっているためです。

未理解同調性を援助者が十分に認識していないと、当事者に対する誤解が生じやすくなります。当事者は理解できているかのような言動をみせますが、実際には十分な理解はしていません。この点をふまえて当事者の様子を捉えないと、故意や悪意でやっている、あるいはやる気がないといった誤解につながることがあります。

あるいは、当事者への過剰な期待につながることもあります。一見すると理解して行動しているように見えるので、どうしても本人の能力を超えて過剰なことを援助者が求めてしまいがちだからです。特に障がい者の就労支援のような場面では注意が必要です。未理解同調性が高い人は、作業能力も高く、周囲の状況を見ながら行動できることが多いため、より難易度の高い作業を任されたり、一般企業などへの就労の候補者に好適だとされたりすることがよくあります。一定の期待を周囲から受けるというのは、本人のモチベーションを高めるために有効なことも多くありますが、一方で当事者への過剰なプレッシャーにもなりえます。そのような場合に、すでに述べた「学習性無力感」との関係で、その場から逃げ出したり、自分のいる状況をあえて壊すような行動をとることもあります。

6　受刑経験の影響

当事者の生活経験という観点からは、刑務所に収容されたことのある人の場合は受刑経験による影響も無視できません。受刑というのは、短くても数カ月、通常は年単位に及ぶ生活環境の変化ですので、当事者のものごとの捉え方や考え方に影響を与える要素のひとつです。

生活経験という観点から見ると、構造化された環境と活動、厳格な規律の維持が刑務所の特徴だといえます。一定の刑務官と受刑者で構成された集団である工場を単位として、起床から食事・作業・食事・休憩・作業・（入浴）・一定の余暇的な時間・就寝で構成される定型的な日課が繰り返されます。また、施設によって違いがあるとはいえ、保安と規律の維持の観点から、軍隊式の一斉行動や定型化された動作を求められます。

また、刑務所で生活しているあいだは、日常生活を営むために必要になるさまざまな行為をする機会がないという点も特徴です。炊事や洗濯は施設内で一括して行われるため、個人が自分で食事を作ったり、洗濯したりすることはありません。また、活動は日課によって決まっているので、自分で時間の使い方を考えたり、スケジュールを立てることもありません。そして、現金を使うことがなく、金銭管理をする機会がありません。

生活するという上でとりわけ大きな課題は、何かについて自分で考えて行動する機会が極めて限られている点です。日常の生活で私たちがしている行動を例にとると、着る服、食事、買い物、その日にやること、余暇など、さまざまなことを選択しています。その際には、いろいろな条件を比較検討しながら、そのときどきの状況に応じて「決める」ことをしているのです。しかし、刑務所で生活しているあいだは、選択することが少なく、それは自分で考えて行動することが少ないことを意味しています。

さらに、人間関係における他律性の高さも特徴的です。刑務所では、刑務官による監視と評価の対象とされ、また、ほかの受刑者との関係を気にして生活することになるため、いろいろな意味で他者の視線を常に気にする状況に置かれます。当事者から話を聞くと、刑務所では人間関係がしんどかったという感想を聞くことが少なくありません。なかには、刑務官について、みずからを見てくれている存在だと肯定的に捉えている人に出会うこともありますが、刑務官による評価は仮釈放の可否につながることから、そこにはおのずから評価する者とされる者という権力性が存在します。また、ほかの受刑者との関係は日々の生活にかかわります。いずれにしても、刑務官やほかの受刑者の存在によって自分の言動を規定していくため、他律性が高いといえます。

これらをまとめると、❶構造化された環境と活動、厳格な規律、❷自己決定や計画をする機会の制限、❸人間関係における他律性の高さ、が刑務所での生活の特徴です。このような環境で生活したことが当事者のものごとの捉え方や考え方にどのような影響を与えているのかを理解し、配慮することが援助者には求められます。具体的には、自分の判断で行動すること、ものごとを比較検討して決めること、自分の意思を表明することなどに、何らかの難しさや不自由を感じることがよくあると思っておくといいでしょう。当事者の多くは、刑務所に収容される前からこれらのことを苦手にしていて、それが受刑生活によって強化されていると思われます。

なお、少年院は矯正教育を授ける場であり、刑罰を執行する場である刑務所とは本質的に施設の目的が異なっています。そのため、少年院では教育的なアプローチが意識的にされていて、施設の雰囲気も大きく違います。とはいえ、右記の❶から❸の特徴は一定程度まで共通しています。少年院では日々の生活に対する評価をもとにした累進処遇によって仮退院していくという仕組みがとられており、ほぼすべての少年が仮退院するという状況にあります。そして、対象が少年であるため、他者からの評価を重視する傾向はさらに強くなっていく可能性があるでしょう。

援助者が自己理解を深めるためのヒント

1　みずからの役割を知ること

「導入編」では、ふたりが協力しなければ成り立たないという意味で、共助する関係をダンスのタンゴにたとえました。It takes two to tango の話です［↓一一頁］。このとき、ふたりで踊るタンゴと同じように、当事者と援助者の共助する関係では、当事者の言動に合わせて援助者が自分の言動を調整していく、という説明をしました。

ここで大切なのは、当事者の言動を変えようとするのではなく、援助者が自分自身の言動を調整するのが肝心だという点です。ダンスをリードする役割が、援助者に求められているのです。特に当事者との関係がはじまったばかりのうちは、援助者が意識して自分の言動をふり返って、必要に応じて調整することが重要になります。

当事者は人との関係を作ったり、それを維持していくのが苦手な場合がほとんどです。前節の「当事者を理解するための視点」で確認してきたように、学習性無力感、トラウマ、愛着、知的能力に起因する未理解同調性、受刑経験の影響といったさまざまな要因が積み重なって、苦手さが形作られているのです。

いわば、当事者は踊りなれていない人だと言えます。そのため、ダンスのステップもぎごちないですし、どういうステップのパターンがあるのかよく知らないかもしれません。これは当事者が悪いわけではなく、これまで踊り方を学ぶ機会がなかったり、そもそも踊る相手に出会わなかったりしているか、あるいは今まで一緒に踊った相手から足ばかり踏まれてきたのです。そのような状態のパートナーと踊るためには、援助者の方がリードして、相手に合わせていかなければなりません。

場合によっては、最初は踊りとして成り立たないかもしれません。足を踏まれる、つまり当事者とのあいだでトラブルになることもあるでしょう。しかし、そこであきらめるのではなく、そうした経験を重ねることで、当事者の考え方や感情の動き方のくせがわかってくれば、徐々に相手に合わせやすくなっていきます。

カウンセリングでは、来談者とのあいだに信頼関係を築くために「呼吸合わせ」をするということが言われます。また、相手の身振りや手振りなどのペースに合わせる「ペーシング」というやり方もあります。これは相手との一体感を高めるために有効だとされます。相手に合わせてステップを踏むというのは、こうした呼吸合わせやペーシングの考え方に近いものです。

2 対等な関係との違いを認識すること

当事者と援助者の共助する関係は、当事者との対等な関係とは異なるものです。

そもそも、当事者と援助者のあいだに対等な関係はありえないでしょう。なぜなら、両者の間には、真に対等であることを妨げる要素が存在しているからです。ここでは、当事者の代わりにはなれないこと、援助者には教育や実践で得た知識や経験があること、当事者の経験する生きづらさが影響することの三点について考えてみます。

まず、当事者の代わりにはなれないことについてです。当事者は何らかの課題や困難を自分のものとして経験していますが、それらはあくまでも当事者自身のものであって、援助者が同じ課題や困難に直面しているわけではありません。課題や困難に対処し、その結果を引き受けるのは、どこまでいっても当事者にしかできないことです。当事者の状況を援助者がどんなに自分にひきつけて考えて、当事者の思考や感情を想像してみたとしても、結局のところ、それは想像の域は出ません。最終的に援助者が当事者にとって代われるわけではないのです。これは「当事者性」の有無の問題だといえます。

次に援助者には教育や実践で得た知識や経験があることについてです。当事者にとっては初めて経験するような課題や困難であっても、援助者にはこれまでに受けてきた教育や訓練のなかで身につけた知識の範囲のなかのものである可能性が高いでしょう。また、援助者はほかに類似の事例を知っていたり、実際にかかわってきたりしている経験があるかもしれません。そうであれば、その分だけ援助者には当事者よりも多くの知識や援助経験があることになります。その結果、そうした知識や経験を用いて解釈をするという行為から、援助者はどうしても自由になれないのです。

最後に当事者の経験する生きづらさについてです。これまでみてきたように、当事者は逆境的な経験をしながら、社会的に排除された状態に置かれてきています。そして、さまざまな要因によって生じた人間関係の苦手さもあります。これらが重なり合って影響することで、生きづらさにつながり、多様で複雑化した援助ニーズを生じさせているのです。このような状況にある当事者に対して、合理的な配慮をする倫理的な責任が援助者にはあります。

これらの点を無視して、対等な関係であると主張するのは、厳しい言い方をすれば偽善につながります。ただし、当事者と援助者が対等な関係ではないというのは、上下や優劣の関係にあるという意味ではありません。両者はそれぞれに独自性のある存在なのです。

3　想像する力と客観視する力についてふり返ること

援助者が自分自身のあり方について、折に触れて考えてみることは、共助する関係をよりよくしていくために役立ちます。ここでは特に「想像するか」と「客観視するか」という二つの視点からふり返ることを提案します。

まず、「想像する力」の視点についてです。「当事者の重ねてきたこれまでの経験、思考や感情、現在の状況について、自分はどれくらい想像できているだろうか」と自分自身に問いかけてみましょう。前節で述べたように、当事者と援助者の間にはさまざまな違いがあります。それでも、当事者の立場になって考えてみようとできる限り努力することは可能ですし、そのように努力することが、援助者には求められています。

援助者がどれだけ想像力を発揮して、当事者の状況を考えてみようとするか、思考や感情の動きを理解しようと真摯に努めることができるか、この点の重要性はどんなに強調しても、足りないくらいです。想像することができなければ、共助する関係は成り立ちません。相手の体力やスキル、ステップの踏み方の傾向が予測できなければ、そもそも援助者は自分がどうやってステップを踏めばいいかのが考えられません。そうなれば一緒に踊ることはできないでしょう。

もう一つの「客観視する力」の視点というのは、援助者が自分自身の言動を客観視するという意味です。これまで、援助者が当事者をコントロールしようとしないことが大事だと繰り返し述べてきました。援助者による強いコントロールが起こるような場合、援助者が意図的にやっていることはまれです。援助者の善意や熱意がもとになって、「あなたのためを思って」として言ったり、行ったりしたことが、当事者にとっての抑圧となっていることがほとんどでしょう。援助者が過剰に感情移入したり、状況をなんとかしなければと強く思い込むことによって、「あなたのためを思って」という考え方をしてしまい、結果としてコントロールしようとするようになっているのです。そのため、できるだけみずからの言動を客観視してみようとする姿勢が重要になります。

自分を完全に客観視できるわけではありませんが、少なくとも意識して、努力し続けることはみずからに課すべきでしょう。これはわかりきったことのように聞こえるかもしれませんが、援助者が熱心にかかわるほど、この視点が忘れられる可能性があります。

相手の状況を知って、理解しようと想像力を働かせること、みずからの言動を客観視しようとすることは、他者を尊重することにつながるのです。

4 「ジレンマ」について知り、自分なりに対処すること

共助する支援関係では、援助者がジレンマを経験することがよくあります。国語辞典によれば、ジレンマとは「相反する二つのことの板ばさみになって、どちらにも決めかねる状態」であるという意味です。板挟みになったときに感じる、葛藤も含む概念だとされます。

社会福祉学研究者の川村隆彦さんによれば、理想的な援助ができないとき、援助者はジレンマを経験します。そして、ジレンマを生じさせる要因として、❶自分とは異なる価値観、❷自己決定、❸ほかの専門職の価値観、❹所属する組織の管理者の価値観、❺社会資源の不足の五つを挙げています。[4]

実際にどのようなジレンマがあるのか、本書の物語編から見てみましょう。

エピソード1では、援助者からの提案が当事者に拒否されたら、まずは本人が拒否できたことを肯定してみる、そして、対決するのではなく、対話を目指すという提案をしました［→四〇頁］。このような状況では、自分が提案したように当事者が行動するのが、当事者自身にとってよりよいことだと援助者は考えているはずです。一方、当事者がそれに同意しないということは、彼・彼女は別のことに価値を見出していると思われます。つまり、援助者の価値観と当事者の価値観とのあいだに不一致が起こって

おり、同時に自己決定をめぐるジレンマも経験しているといえます。

また、エピソード6では、当事者の自己決定を援助する際にパターナリズムを自覚しながらかかわることを提案しました［↓一五〇頁］。これはパターナリズムが過剰であることは望ましくないという価値が一方にあり、他方で当事者の意思決定を援助するなかではある程度のパターナリズムが避けられないという状態です。これも自己決定をめぐるジレンマといえますが、当事者のなかで複数の競合する価値観が存在しているために、それらの間の板挟みになっている状態だと捉えることもできます。

このようなジレンマが生じたとき、どのように

4　川村隆彦『支援者が成長するための50の原則――あなたの心と力を築く物語』（中央法規出版、二〇〇六年）八七〜八九頁。

表5　ジレンマについての考え方

1　ジレンマは避けられないものであるが、それを経験することは援助者としての成長の機会になりえる。
2　ジレンマをそこに存在するものとして否定せずに受け止め、克服しようとしない。
3　ジレンマへの対処は、完璧な解決策を見つけることではない。専門職の倫理綱領や行動指針を手がかりにしながら、そのときどきの状況のなかで最善だと思われる援助をする。
4　ジレンマに直面した状況をふり返って、その他の選択肢の可能性について検討してみると共助する関係を将来に向けて改善することにつながる。
5　ジレンマに気づくこと、避けないことは大切だが、あなたが援助者として燃えつきないことも同じように大切になる。そのため、どのようにして自分自身をケアするかを考える習慣をつけることが役立つ。

（筆者作成）

考えて、対処すればいいでしょうか。先述の川村さんは、ジレンマは援助者の宿命であって避けられないとして、倫理綱領に立ち戻って指針を実践に当てはめ、最も優先することを見いだす力を養うことを主張しています[5]。他の専門職が何に価値を置いているかを理解しようとしつつ、最も大切なことは「本人が何を望んでいるのか」を知ることだと述べています[6]。

また、社会福祉学研究者の本多勇さんらは、ジレンマはなくならないことを前提としながら、ジレンマの存在を知って、それに向き合って対処することが対応法になると指摘しています[7]。そして、折に触れてジレンマをふり返りながら、自分自身が対応力をつけるために柔軟性を伸ばすこと、ライフスタイルを磨くこと、仲間を作ることを勧めています。

これらを受けて、筆者なりにまとめてみると、ジレンマについては前頁の表5のように考えることができます。

5 自分にかかっている負荷を意識して、ケアすること

刑事司法領域の対人援助は、援助者自身に負荷がかかりやすいので、自分自身をどのようにケアするかを意識することが大切です。そうでなければ、燃えつきてしまう可能性があります。

負荷を高める要因には、次のようなものがあります。❶当事者には多様で複雑化した援助ニーズがあるために、理解や対応にあたっての難易度が高くになる、❷関係性の維持や形成が難しい当事者が多い、

❸援助をしていくなかで、目に見える変化が現れるまでに時間がかかるか、現れにくい、❹刑事司法関係者と対人援助関係者のあいだには価値観の違いが大きいことから、援助者にとってのジレンマを生じさせる要因が多くなりがちになる。

負荷を軽減する方法として、以下の五点を提案します。参考にしてみてください。

第一は、当事者が攻撃的になったり、かかわりに拒否的になったりして、困難な状態が表面化したときには、それが本人の人格・性格だけによるものだと考えないようにすることです。ほかに何か原因がないかを検討してみましょう。そのためには、先に述べた「当事者を理解するための視点」[↓二〇二頁]が参考になると思われます。

第二は、援助者が自分自身の身体的・心理的な状態を知ることです。自分の体調が悪いときは、特に注意します。調子が悪いときは、相手に近づきすぎず、あえて離れることもひとつの方法です。離れるというのは、物理的な距離だけではなく、時間をおくことも含みます。

また、心理的な状態で言えば、援助者が自分自身の経験したトラウマについてふり返っておくことも有益です。当事者がトラウマティックな経験をしている場合が極めて多いので、かかわることによって

5 川村・前掲註4書八九頁。
6 川村・前掲註4書八八頁。
7 本田勇一＝木下大生＝後藤広史＝國分正巳＝野村聡＝内田宏明『ソーシャルワーカーのジレンマ――6人の社会福祉士の実践から』(筒井書房、二〇〇九年)一八二～一八七頁。

援助者が再トラウマを経験する可能性も高くなります。この点については所属先の職場で組織的に対応することが望ましいでしょう。

第三は、当事者に対する感情を意識化することです。人である以上、感情的な反応が生じることはごく自然であると認めて、もしも当事者に対して拒否的な感情が生じたら、それを否定するのではなく、適切に取り扱うようにします。そのためには「いやだ」「きらいだ」といった否定的な意味合いを持つ言葉をそのまま口にするのではなく、「陰性感情」と名づけて概念化します。そのうえで、自分に陰性感情があると認めて、守秘義務に十分留意しながら信頼できる第三者にそれを話すことが有効です。言語化することが陰性感情の意識化につながり、それによって感情を客観視できる可能性が高まります。

否定的な感情をそのままにして、自分の中だけに留めておくと、まるで澱んだ水が腐敗するかのように、望ましくない言動となって自分の中から漏れ出すこともあるので、適切な対応は必須です。また、言語化して他者に伝えておけば、陰性感情を抱いている人に対する自分の言動について、その人からフィードバックを得ることもできるでしょう。

第四は、同僚や上司との健康的なピアサポートの機会を設けることです。秘密の保てる空間を用意して、時間を区切って、自分たちの状況を話し合ったり、自分自身の感情や思考についてふり返ってみます。可能であれば、外部の第三者からスーパービジョンを受けたり、ファシリテーションをしてもらいながら職場内のメンバーでグループワークをすることも有効です。なお、アルコールを交えた場でのいわゆるグチについては要注意です。一時的にすっきりした感覚を得るためと割り切るのなら否定しませんが、結果的に問題の改善につながる可能性は低いので生産的だとは言えないでしょう。

第五は、自分の身体を意識してケアすることです。身体的健康のためには、有酸素運動、適切な量で規則正しい睡眠、食習慣に注意するといいといわれます。少しでも体を動かすことは人のモチベーションを向上させるのにも役立つとされていますので、エクササイズの機会を作ることも有益です。ヨガやピラティスのような静的なエクササイズ、ウォーキングやランニングのような動的なエクササイズなど、好みによって何でも構いません。

また、マッサージや入浴といったリラックスできるようなセルフケアの方法も役立ちます。不安感があるときには、いま、ここに意識を集中させると楽になりやすいので、瞑想やマインドフルネスも有効かもしれません。

最近は、エクササイズや入眠を補助するアプリや、瞑想、マインドフルネスなどに使えるアプリなど、デジタルなサポート手段もいろいろと登場しています。これらを活用すれば、時間や場所の制約を受けずに実行できます。無理のない、自分に合ったやり方を見つけて、自分の身体に意識を向けながら、いたわることを考えてみるといいのではないでしょうか。

参考文献一覧

▼一般社団法人東京TSネット編『更生支援計画をつくる――罪に問われた障害のある人への支援』（現代人文社、二〇一六年）

▼内田扶喜子＝谷村慎介＝原田和明＝水藤昌彦『罪を犯した知的障がいのある人の弁護と支援――司法と福祉の協働実践』（現代人文社、二〇一二年）

▼岡本茂樹『反省させると犯罪者になります』（新潮新書、二〇一三年）

▼川村隆彦『支援者が成長するための50の原則――あなたの心と力を築く物語』（中央法規出版、二〇〇六年）

▼願興寺礼子＝吉住隆弘編『心理検査の実施の初歩』（ナカニシヤ出版、二〇一一年）

▼くすのきしげのり作＝石井聖岳絵『おこだでませんように』（小学館、二〇〇八年）

▼白川美也子『赤ずきんとオオカミのトラウマ・ケア――自分を愛する力を取り戻す［心理教育］の本』（アスク・ヒューマン・ケア、二〇一六年）

▼野坂祐子『トラウマインフォームドケア――〝問題行動〟を捉えなおす援助の視点』（日本評論社、二〇一九年）

▼浜井浩一「高齢者・障がい者の犯罪をめぐる議論の変遷と課題――厳罰から再犯防止、そして立ち直りへ」法律のひろば六七巻二号（二〇一四年）四〜一三頁

▼廣井亮一『司法臨床の方法』（金剛出版、二〇〇七年）

▼本多勇＝木下大生＝後藤広史＝國分正巳＝野村聡＝内田宏明『ソーシャル・ワーカーのジレンマ――6人の社会福祉士の実践から』（筒井書房、二〇〇九年）

▼森田ゆり『エンパワメントと人権：こころの力のみなもとへ』（解放出版社、一九九八年）

▼脇中洋「科学鑑定の動き　わからなくても、やりとりはできる――北野事件再審請求の供述・証言分析に見た『未理解同調性』」季刊刑事弁護二〇巻（一九九九年）一三九〜一四四頁

▼Bonita M. Veysey（浜井浩一訳）「基調講演　離脱、異なるアイデンティティへの転換のプロセス：将来有望な新たな方向性」日本犯罪社会学会第四一回大会報告要旨集（二〇一五年）四〜一三頁

▼グレン・R・シラルディ（高山巖訳）『自尊心を育てるワークブック』（金剛出版、二〇一一年）

執筆者略歴

▼水藤昌彦（みずとう・まさひこ）　執筆担当箇所：「はじめに」「導入編」「物語編解説」「発展編」

山口県立大学社会福祉学部教授。専門は司法福祉、フォレンジック・ソーシャルワーク、刑事政策。研究テーマは、刑事司法と福祉の連携論、犯罪行為を含む多様で複雑な支援ニーズのある人に対するソーシャルワーク、知的障がいのある性加害行為者への対応など。モナシュ大学大学院修了（Master of Social Work）。二〇〇一年からオーストラリア・ビクトリア州政府ヒューマン・サービス省にて、障がいのある犯罪行為者への対応などに関わる。二〇〇八年より社会福祉法人北摂杉の子会勤務、二〇一一年より山口県立大学社会福祉学部准教授。二〇一七年より現職。独立行政法人国立のぞみの園参事を兼務。地域生活定着支援センター、障がい福祉サービス事業所、学校、自立支援協議会などへのコンサルテーションや研修会にもかかわっている。主な共著書に、『司法と福祉の連携』の展開と課題』（現代人文社、二〇一八年）、『触法障害者の地域生活支援』（金剛出版、二〇一七年）、『更生支援計画をつくる』（現代人文社、二〇一六年）などがある。

▼益子千枝（ましこ・ちえ）　執筆担当箇所：「日々修行中、援助の現場から」、関口執筆以外のコラム

精神保健福祉士、公認心理師、福祉心理士。二〇〇〇年四月〜二〇一三年三月まで社会福祉法人大阪自彊館入職にて救護施設、大阪市野宿生活者巡回相談室に勤務、二〇〇九年八月同法人から大阪府地域生活定着支援センターの立ち上げ時に出向。二〇一三年五月から社会福祉法人みつみ福祉会入職にて兵庫県地域生活定着支援センターに主任相談員として勤務。関連する活動として、独立行政法人国立のぞみの園研修検討委員として研修の企画、実施などを担当。他に関西エリアトラブルシューターネットワーク・一般社団法人もふもふネット・風テラスの活動に協力している。

▼関口清美（せきぐち・きよみ）　執筆担当箇所：「コラム　地域生活定着支援センターの役割」「コラム　友人、知人や家族とのかかわり」

社会福祉士。一九八二年から二〇〇一年まで宇都宮市役所に勤務。二〇〇一年四月より社会福祉法人飛山の里福祉会にて障がい児・者の相談支援業務に従事。二〇一〇年から二〇一四年三月まで栃木県地域生活定着支援センターに出向し、センター長を務める。二〇一五年から二〇二〇年三月まで独立行政法人国立のぞみの園にて、矯正施設を退所した障がい者の生活支援および支援者養成研修事業、支援に係る研究事業に従事。重度の知的障がいのある男性が連続強盗犯として逮捕・起訴され、判決言渡し直前に真犯人が現れた冤罪事件で、釈放後の男性の生活支援にかかわり刑事司法と福祉の連携の必要性を強く感じた。

▼服止ネネ（ふくどめ・ねね）　漫画作画

兵庫県出身。大学卒業後、外壁工事業に従事する傍ら趣味の一環で漫画を描き始める。高校時代の先輩が兵庫県地域生活定着支援センターの相談員をしていたことが縁で本書の漫画の作画担当を勤めることになる。

当事者と援助者の「共助する関係」——刑事司法領域での対人援助の基本

2020年9月25日　第1版第1刷発行

編著者　水藤昌彦
著　者　益子千枝・関口清美
画　服止ネネ
発行人　成澤壽信
編集人　齋藤拓哉
発行所　株式会社現代人文社
〒160-0004　東京都新宿区四谷2-10八ツ橋ビル7階
Tel: 03-5379-0307　Fax: 03-5379-5388
E-mail: henshu@genjin.jp（編集）　hanbai@genjin.jp（販売）
Web: www.genjin.jp
発売所　株式会社大学図書
印刷所　シナノ書籍印刷株式会社
ブックデザイン　Malpu Design（宮崎萌美）

検印省略　Printed in Japan
ISBN978-4-87798-763-3　C3032